Walter Higy

Im Banne des Ofens

Walter Higy

Im Banne des Ofens

Der Ofensetzer Eduard Schaerer
und das Hafnerhandwerk in der Stadt Basel

Wiese Verlag

© 1999 Wiese Verlag, Basel
Alle Rechte vorbehalten
Gestaltung: Micha Lotrovsky, Therwil
Lithos: ColorServ, Winterthur
Satz, Druck: Basler Zeitung, Basel
ISBN 3-909164-71-4

Einleitung

1989 war ich mit den Inventarisationsarbeiten der Kachelware für die Basler Denkmalpflege tätig. Dabei lieh mir die Konservatorin Doktor Brigitte Meles freundlicherweise ein Skizzenbuch Eduard Schaerers, des einst stadtbekannten und wohl letzten bedeutenden Basler Hafners. Diese Unterlagen weckten mein Interesse an der Person und am Schaffen Eduard Schaerers.

Fasziniert von den Skizzen und den beigefügten Notizen bemühte ich mich in der Folge um den Kontakt zu Eduard Schaerers Familie. Für mich bleibt sehr eindrücklich jenes erste Gespräch mit Elisabeth Gessler, Eduard Schaerers Tochter. Begleitet wurde sie von ihrer Tochter Judith Gessler, die ihre damals hochbetagte Mutter Elisabeth bis zu ihrem Tod betreute. Judith hatte ihren Grossvater noch gekannt und seine Welt miterlebt bis sie sieben war. In der Rückschau wurde für beide Frauen so manche Begebenheit wieder lebendig. Insbesondere war Judith Gessler mir bei meinen Anstrengungen stets behilflich, sie stellte mir auch einen bedeutenden Teil des (in dieser Schrift verwendeten) Anschauungs- und Bildmaterials zur Verfügung. Zudem bemühte sie sich, meine Fragen, die hauptsächlich ihren Grossvater betrafen, möglichst genau zu klären. Schon damals fanden sich kaum mehr Objekte, die an Eduard Schaerer und seine Tätigkeit als Ofensetzer erinnert hätten.

Gegenstand der vorliegenden Arbeit ist die Darstellung des Hafnerhandwerks, wie es um die Jahrhundertwende in der Stadt Basel existierte. Gleichzeitig weise ich auf die Schwierigkeiten hin, mit denen zu Beginn dieses Jahrhunderts ein Hafner wie Eduard Schaerer zu kämpfen hatte. Seit 1900 drohte die fabrikmässige Herstellung von Heizungsanlagen. Das kunstvolle Handwerk des Hafners, der sich um Einzelanfertigungen bemühte, war ernsthaft gefährdet. Eduard Schaerer indes – und mit ihm einzelne andere Handwerker – konnten sich trotz dieser modernen Entwicklung im wirtschaftlichen Konkurrenzkampf durchsetzen und behaupten.

Zum Entstehen und Gelingen dieses Buches trugen im Wesentlichen Eduard Schaerers Tochter Elisabeth Gessler und vor allem die Enkelin Judith Gessler bei. Persönliche Begegnungen und fruchtbare Gespräche ergaben immer wieder neue Erkenntnisse.

Etwas später regten mich zwei weitere Personen an, meine Nachforschungen zu vertiefen: Einerseits die Kunsthistorikerin Barbara Messerli, die den Nachlass von Joseph Keisers Erben nach 1990 zu ordnen begann, andererseits Arthur Keiser, der Neffe des damals in Zug tätigen Hafnermeisters Joseph Keiser, mit dem Eduard Schaerer in einer engen geschäftlichen und persönlichen Beziehung gestanden hatte. Sie beide erlaubten mir, das entstehende Keiser-Archiv mitzuverfolgen.

Am intensivsten konnte ich von der Mitarbeit im Vorfeld zur Ausstellung: «Die Entdeckung der Stile, die Hafnerei Joseph Keiser in Zug, 1856–1938» (1996–1997, Museum in der Burg, Zug) profitieren. Obwohl ich im Wesentlichen nur mit Eduard Schaerer und Joseph Keisers Lieferungen nach Basel beschäftigt war, durfte ich trotzdem an der gesamten thematischen Auseinandersetzung mit Professor Rudolf Schnyder teilnehmen und wertvolle Unterstützung und aufbauende Kritik erfahren.

Auch nach der Ausstellung nahm sich Professor Schnyder wiederholt Zeit für klärende Gespräche, gab mir wesentliche Hinweise und Anregungen und war für zusätzliche Auskünfte jederzeit ansprechbar. Er betreute mich denn auch bis zur Fertigstellung des Manuskripts.

Dies gilt auch für die zahlreichen Zusammentreffen mit Dr. Rolf Keller, Konservator am Museum Burg in Zug, und Alex Claude, Inventarisator am gleichen Ort. Ohne das Mitwirken dieser drei letztgenannten Personen, speziell in der Endphase, wäre das Zustandekommen dieser Publikation ernsthaft in Frage gestellt gewesen.

Nicht vergessen möchte ich meinen Bruder Mario, welcher sich sehr viel Zeit für mich und meine Arbeit genommen hatte.

All diesen Helfern, und auch allen Hausbesitzerinnen und Hausbesitzern, die mir den Zutritt zu einer Vielzahl von Kachelöfen gewährt haben, bin ich zu grossem Dank verpflichtet. Dank gebührt aber auch all jenen, die mir auf diese oder jene Weise weitergeholfen haben.

Walter Higy

Anmerkungen zu den Namen und Personen:

Der Vater von Eduard Schaerer hiess ebenfalls Eduard. Er wird als Eduard Schaerer senior ausgewiesen.

Joseph Anton Keiser (1859–1923) wird als Joseph Keiser aufgeführt. Er selbst hatte auf seinen Öfen nur mit «Joseph Keiser, Hafnermeister, Zug», unterschrieben. Sein Vater, ebenfalls Joseph Keiser, wird mit Vater Joseph Keiser gekennzeichnet.

Eduard Schaerer senior (ursprünglich Ingenieur), war verheiratet mit Judith David, Stieftochter von Rudolf Denzler-David. Eduard Schaerer senior übernahm den schwiegerväterlichen Hafnerbetrieb an der Küchengasse.

Eduard Schaerer war verheiratet mit Bertha Wüthrich und Nachfolger des Schaerer-Betriebs.

Die Hafner Kaus & Rytz schliesslich bildeten eine Geschäftsverbindung vergleichbar den Kachel- und Tonwarenfabrikanten Bodmer & Biber, den Architekten Vischer & Fueter, La Roche & Staehelin oder den Dekorationsmalern Schweizer und Wildermuth usw. Sie werden darum auch so dargestellt.

Eduard Schaerer

Vorwort

Wenn wir uns in der Literatur über Kachelöfen umsehen, dann steht die Frage nach den Werkstätten und den Meistern, die kunstreiche Öfen herstellten und eine anspruchsvolle Kundschaft mit solchen versorgten, weit im Vordergrund. Dabei ist vom Hafner als Kachelmacher die Rede und werden die von ihm geschaffenen Öfen als Ergebnis seiner Arbeit gewürdigt; seine Tätigkeit als Ofensetzer aber kommt kaum zur Sprache. Und doch ist sie es, der man einst besonderes, technisches Interesse entgegenbrachte mit der immer wiederkehrenden Frage, wie mit möglichst wenig Brennmaterial eine möglichst grosse Heizwirkung erzielt werden konnte. Denn Holz war Mangelware und teuer. So wurde im 18. Jahrhundert eingehend über «Holz ersparende Stubenöfen» diskutiert.

Das 19. Jahrhundert brachte eine rasante Entwicklung neuer Heiztechniken und die Einführung neuer Brennstoffe. Es kam zu einer weitgehenden Arbeitsteilung zwischen Ofenfabrikanten und Ofenbau. Eine Werkstatt, die nach alter Tradition noch beides betrieb, war diejenige von Josef Anton Keiser in Zug. In den Jahren des blühenden Historismus am Ende des Jahrhunderts verlegte er sich darauf, bemalte Fayenceöfen im Stil der «guten alten Zeit», der Renaissance und des Rokoko herzustellen, die er selbst aufbaute oder an spezialisierte Ofensetzer lieferte. Einer seiner besten Kunden wurde Eduard Schaerer in Basel, der die von seinem Vater übernommene Hafnerei auf das Aufsetzen solch anspruchsvoller Öfen ausrichtete.

Walter Higy, selber Hafner, hat sich auf den Wiederaufbau alter Öfen spezialisiert und ist bei dieser Arbeit auf seinen Vorgänger, den Ofensetzer Eduard Schaerer gestossen; er hat in ihm einen Meister seines Fachs entdeckt, der ihm für sein eigenes Berufsverständnis zum Vorbild geworden ist. Mit dem Buch, das er über ihn vorlegt, würdigt er einen Meister des von der Forschung bis heute vernachlässigten Aspekts des Hafnerhandwerks: der Kunst des Ofenbaus. Kachelöfen sind selten im Originalzustand und in der originalen Umgebung auf uns gekommen. Die Arbeit des Ofensetzers ist davon besonders betroffen. Dass Walter Higy dies aus eigener Erfahrung am Beispiel des Werks von Eduard Schaerer in Erinnerung ruft, ist fast eine Pioniertat.

Eine besondere Note erhält die Arbeit durch ihr fast familiäres Verhältnis zu Basel. Noch waren es die alten Familien, die im Aufschwung um 1900 ihre neuerbauten Villen mit solch repräsentativen Öfen ausstatten liessen. Heute stimmt es nachdenklich, wie viel von all der einstigen Pracht im nun an sein Ende gekommenen Jahrhundert zerbrochen worden ist.

Walter Higy hat aber auch erfahren, dass es noch an manchen Orten Spuren seines Vorgängers gibt. Mir selber ging es nicht anders, indem sich herausstellte, dass meine Mutter eine Jugendfreundin von Eduard Schaerers Tochter Elisabeth war, in deren Familie wir als Kinder fröhliche Spiel- und Musiziertage in Gegenwart des schönen, vom Vater Schaerer ins Haus des jungen Ehepaars gestifteten Kachelofens erlebten. Möge das Buch dazu anregen, die Kunst des Ofensetzens weiter nachzufragen; möge es helfen, Sinn und Auge zu schärfen fürs Erbe, das uns in alten Kachelöfen geschenkt ist, und möge es so wie mir auch anderen das Vergnügen guter Erinnerungen bescheren.

Rudolf Schnyder

Inhaltsverzeichnis

I. Teil: Die historische Entwicklung des Hafnerhandwerks
    1. Die allgemeine Entwicklung des Hafnerhandwerks in der Schweiz 1
    2. Basel im 19. Jahrhundert: Von der Kleinstadt zum Industriezentrum 2
    3. Die Entwicklung des Hafnerhandwerks in Basel 3
    4. Die Basler Hafnereien im ausgehenden 19. Jahrhundert – ein Überblick 8
    5. Der Niedergang des Hafnerhandwerks 10

II. Teil: Der Ofensetzer Eduard Schaerer (1858–1934)
    1. Die Vorgeschichte 13
    2. Eduard Schaerers Leben (1858–1934) 15
    3. Eduard Schaerers Arbeiten 20
    4. Die Öfen 26
        A. Einfache Öfen und Öfen nach eigenen Entwürfen 27
        B. Bodmer-Öfen 32
        C. Alte Öfen und Öfen für Museen 40
        D. Keiser-Öfen 46
        E. Besondere Öfen 60
        F. Inventar der Basler Keiser-Öfen 66

Anhang 68
Bibliografie 70
Bildnachweis 71
Abkürzungen 72
Index 73

Die historische Entwicklung des Hafnerhandwerks

1. Die allgemeine Entwicklung des Hafnerhandwerks in der Schweiz

Der Wunsch des Menschen, sich das Feuer als lebenswichtiges Element verfügbar zu machen und es zu hüten, ist uralt. Die ersten Feuerstätten waren denkbar einfach: flache, mit Steinen ausgelegte Gruben. Später baute man Herdfeuerstellen, die mit einem Rauchfang ausgerüstet wurden.

Auf einem Wandgemälde aus dem frühen 14. Jahrhundert, es stammt aus dem Haus «Zum langen Keller» in Zürich, erkennt man einen in Feuerkasten und Turm gegliederten Lehmofen mit Napf- und Becherkacheln.[1] Diese wurden auf der Töpferscheibe gedreht und zur Vergrösserung der Heizfläche ins Gewölbe eingesetzt. Zu dieser Zeit, also um 1300, nahm die Ofenhafnerei in der Schweiz ihren Anfang.

Denn wenig später schon setzte man erste Öfen mit glasierten Reliefkacheln auf. Solche Kachelöfen standen nunmehr als Wärmespender und wesentlicher Bestandteil eines ganzen Interieurs vorwiegend in Klöstern, öffentlichen Gebäuden und Stuben vornehmer Bürgerhäuser.

Eine bedeutende Erneuerung in der Entwicklung des Ofenbaus stellen wir nach 1500 fest: Der Ofen wird nun als ein architektonisch wohlausgewogener Körper zusammengestellt; die Harmonie betonen weit ausladende Gesimse und eine plastisch reich gegliederte Bekrönung.

In der Folgezeit, das heisst im 16. Jahrhundert, führten die Hafnerwerkstätten in verschiedenen Städten, unter denen Winterthur bald eine Vorrangstellung einnahm, die Technik der Fayencemalerei ein: Die

Darstellung eines Ofens auf einem Wandgemälde im Haus «Zum langen Keller», Zürich

Ofenmaler verzierten die glatte Kacheloberfläche mit Bildern und Sprüchen; die Vorlagen hierzu waren oft Kupferstiche. Dabei hatten die Darstellungen auf den Kacheln eine doppelte Aufgabe zu erfüllen: Einerseits dienten sie zur Dekoration, andererseits hatten sie belehrenden oder unterhaltenden Charakter. Als Beispiele die beiden folgenden Sprüche zum Thema «Die Tugend der Geduld»[2]:
«Gedult das beste ist in allem creütz und leiden. Macht das von gottes huld kein truebsal uns mag scheiden.»

Und zum Sujet «Der Monat Januar»[3]:
«Der Jahrs anfänger lehrt das Ofenholtz zerspalten, reitzt junge Leüt uffs eys, zum Ofensitz die Alten.»

Wie sah nun ein solcher Kachelofen als Ganzes aus? In der Regel ruhte der Kachelmantel über einem Sandstein- oder Keramiksockel auf Füssen aus dem gleichen Material. Die Stümpfe oder Hälse – so nennt man die Hohlräume auf der unglasierten Kachelinnenseite – füllten die Hafner rückseitig mit Kieselsteinen und Lehm und verbanden sie mit Kacheldraht untereinander. Die Kachelhülle verdeckte den Innenausbau aus hitzebeständigen Steinen. Sie bildeten im unteren Ofenteil den Feuerraum und im oberen die verschiedenen Rauchzüge bis zum Kamin und lieferten gleichzeitig die gewünschte Speichermasse, welche die Wärmeabgabe sichern sollte. Die Öfen wurden demnach in Feuerkasten (oder Heizkörper) und Turm (oder Aufsatz) gegliedert. Unabhängig von formalen Veränderungen, wie sie typisch und stilbestimmend waren für die entsprechende Architekturepoche, hat die Technik des Ofenbaus fünf Jahrhunderte überdauert und noch heute wesentlichen Bestand.

Anhang

1 Rudolf Schnyder, Keramik des Mittelalters. Aus dem schweizerischen Landesmuseum, Heft 30, Bern 1972, S. 4,7 und Abb. 7.
2 Margrit Früh, Winterthurer Rathausöfen, Mbl. KFS Nr. 95, 1981, S. 35 Nr. 22b (Rathausofen Bülach).
3 s. Anm. 2, S. 69, Nr. 16 (Gemeindehaus Unterstammhelm).

2. Basel im 19. Jahrhundert: Von der Kleinstadt zum Industriezentrum

Als Eduard Schaerer vier Jahre alt war, zog er mit seiner Familie von Bern nach Basel. Wie sah damals die Stadt Basel aus?

Anfang des 19. Jahrhunderts galt Basel noch als typische Kleinstadt: 1830 zählte sie rund 20 000 Einwohner. Um 1900 jedoch lebten bereits über 100 000 Menschen in der Stadt am Rheinknie.

Im 19. Jahrhundert stellte – neben dem Baugewerbe und dem eigentlichen Handel – die Textilindustrie für Basel einen markanten Wirtschaftszweig dar: Um 1880 arbeiteten rund 10 000 Personen, darunter vorwiegend Frauen, in Textilfabriken; gleichzeitig nahm die Zahl der unselbstständigen Arbeiter zu.

Mit der Industrialisierung der Seidenbandweberei und der wachsenden Beschäftigung von Handwerkern im Kleingewerbe (später mit dem Aufkommen der chemischen Fabriken) verschlechterten sich die Wohnbedingungen drastisch: Tausende von Menschen wurden zu Mietern und lebten in Armut.

Die starke Zuwanderung vom Land erzeugte eine explosionsartige Bevölkerungszunahme. Jetzt sah sich die Stadt vor kaum lösbare Probleme gestellt: Durch bauliche wie hygienische Eingriffe musste sie der veränderten Lebenssituation rasch und wirksam Rechnung tragen.

Obwohl rund um die alten Stadtmauern vermehrt neue Quartiere entstanden, war für die Stadtbevölkerung nicht genügend Wohnraum vorhanden. Im Gellert-, Spalen- und Paulusquartier wurden vorwiegend Wohnungen für die Wohlhabenderen gebaut. Im Gundeldinger-, Matthäus-, und Bläsiquartier, wo später ein Grossteil der Mieterschaft wohnen sollte, wucherte die Bau- und Bodenspekulation.

Im Unterschied zum Bürgertum, das in seinen geräumigen Häusern wohnte, waren die Arbeiter in engen ein- oder zweigeschossigen Wohnhäusern untergebracht. Die sanitarischen Einrichtungen waren häufig so schlecht, dass Kälte und Feuchtigkeit die Gesundheit der Arbeiter angriffen. Am ärgsten traf dies die Leute, die im Erdgeschoss in der Nähe des damals noch offen fliessenden Birsigs oder am Rhein lebten. Ausserdem litten viele dieser Mieter unter einem weiteren Missstand: oft konnten nämlich die Wohnungen nicht genügend geheizt werden, und Rückzugsmöglichkeiten in beheizbare Räume, wie dies zu Beginn des 19. Jahrhunderts noch vielerorts gang und gäbe war, bestanden jetzt kaum mehr. Die Liegenschaften wurden übermässig genutzt, sodass häufig nur noch in wenige Zimmer Öfen hineingestellt wurden. Zudem erzeugten die bestehenden Heizungen nicht die gewünschte Wärme oder waren gänzlich unbrauchbar. Die Lage verbesserte sich erst, als um die Jahrhundertwende Ofenfabriken anfingen, Tragöfen für die ärmere Bevölkerungsschicht herzustellen.

3. Die Entwicklung des Hafnerhandwerks in Basel

Von aussen gesehen scheint Basel nie eine bedeutende Hafnerstadt gewesen zu sein; dazu fehlten ihr eigene Fayence-Werkstätten, wie sie seit dem 16. Jahrhundert während über 150 Jahren in Winterthur von den Familien Erhart, Graf und Pfau betrieben wurden, oder Hafnereien von überregionaler Bedeutung, wie es sie dann auch in anderen Städten der Schweiz gab (z.B. in Steckborn, Elgg, Zürich, Muri, Lenzburg, La Neuveville, Fribourg u.a.).[4] Doch gab es in Basel schon im 14. und 15. Jahrhundert tüchtige Ofenhafner, so eine Werkstatt in der Aeschenvorstadt 2, von der schöne Erzeugnisse durch Bodenfunde auf uns gekommen sind.[5] Für die Zeit der Renaissance steht hier stellvertretend der brillante Engelhof-Ofen von 1570. Ich verweise speziell auf den Aufsatz von Christine Keller und Daniel Grütter über «Das Basler Hafner-

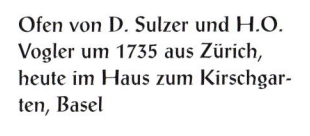

Ofen von D. Sulzer und H.O. Vogler um 1735 aus Zürich, heute im Haus zum Kirschgarten, Basel

Blattkachel aus der Zeit um 1400, grün glasiert, wahrscheinlich aus Basel stammend

handwerk vom Spätmittelalter bis zur Industrialisierung».

Inwieweit nun das eingangs gezeichnete Bild auf Basel tatsächlich zutrifft, lässt sich heute nicht abschliessend beurteilen.

Ab 1730 liessen Basler Hausbesitzer vermehrt zeitgemässe Öfen in ihre neuerstellten Liegenschaften einbauen. Die einheimischen Hafner hatten bis jetzt vorwiegend einfache, grünglasierte Wandöfen gefertigt. Vereinzelt schufen sie nun auch bemalte Öfen, die sie aber von auswärtigen Künstlern bemalen liessen.[6]

Gleichzeitig lieferten Leonhard Locher und Johann Heinrich Bachofen, beide aus Zürich, hellblau- und weissglasierte Öfen mit reicher Malerei in die Gesellschaftshäuser nach Basel.[7]

Die schönsten Öfen kamen damals aus dem elsässischen Strassburg. So machte das Grossbürgertum, das einen ausgeprägten Sinn für Kunst und Kunsthandwerk hatte, mit seinen Käufen Basel zu einer reichen «Ofenstadt».

Die Qualität der auswärtigen Kacheln war seit jeher besser gewesen als die der eigenen; so schuf denn kein einheimischer Hafner[8] Kacheln, die sich mit den «Blumenöfen» der Strassburger Paul Hannong und François Paul Acker oder mit den Öfen der Berner Manufaktur Frisching[9] hätten messen lassen.

Nirgends sonst haben sich so viele Öfen der Berner und Strassburger Hafnerwerkstätten erhalten wie in der Stadt am Rheinknie. Der Basler Architekt Samuel Werenfels[10], der unter anderem bekannt wurde durch den Bau des Weissen und Blauen Hauses, gab beispielsweise der Berner Manufaktur Frisching den Vorzug, wenn es darum ging, eigene Ideen und Entwürfe in fein ausgebildete

---

Alexander Mende-Ofen von 1765, von Jak. Hofmann bemalt und von E. Schaerer 1905 am Petersplatz 12 in Basel umgesetzt (Protokoll v. 1905, P. A. 88 H 2a Vol. 9, S+A BS)

Ofenkörper umsetzen zu lassen. Überhaupt erteilten Architekten immer häufiger auswärtigen Hafnerwerkstätten[11] ihre Ofenaufträge; in vielen Fällen waren sie sogar massgeblich an der Formgebung der Öfen mitbeteiligt, indem sie Risse und Pläne anfertigten. Auch Eduard Schaerer arbeitete später erfolgreich mit Architekten zusammen.

Im 19. Jahrhundert stellten beschränkt wiederum Basler Hafnereien eigens Kachelmaterial her.

Wie 150 Jahre früher mussten auch sie sich gegen die auswärtige Konkurrenz wehren. Zwar verfügte die Konkurrenz nicht über schönere Kachelware, konnte sie aber wesentlich günstiger anbieten als die einheimischen Betriebe. Diese standen mit ihren vielfach individuell gefertigten und bemalten Ofenkacheln den grossen Kachelfabriken aus dem Ausland mit ihren seriell fabrizierten, einheitlich glasierten Stücken gegenüber, die die Hafner zu stereotyp geformten Rechtecköfen in brauner oder grüner Farbe zusammenbauten.

Auch Eduard Schaerer bezog sporadisch Öfen von Hausleiter und Eidenbeis. Einmal legte er selbst nachweisbar einen Plankatalog mit detaillierter Preisliste auf, nachdem der Bodmer-Ofen in der St. Alban-Vorstadt 69 1905 fertig umgesetzt worden war.[12]

Bekannt waren hier unter anderem Walter Böcklin-Müller für seine weiss- und grünglasierten einfachen Öfen mit kannellierten Kacheln, und Johann Jakob Linder für seine hoch aufragenden Walzenöfen mit glatter Kachelware, Kuppel- und Vasenabschluss.

Häufig liess Linder Karl Jauslin die Malereien im Neu-Rokoko-Stil ausführen. Allerdings formte und brannte die Firma Bodmer in Zürich das Rohmaterial. Johann Jakob Linders Nachfolger Thomas Christian Linder inserierte 1877 mit «Hafner & Thonwarengeschäft, verfertigt alle in sein Fach einschlagenden Arbeiten, von den gewöhnlichen bis zu den feinsten bunt bemalten Öfen ...».[13]

Auch Eduard Schaerer senior hatte schon 1868 Kachelöfen im Angebot, «gewöhnliche und solche mit Malereien ...».[14]

Von ihm wissen wir mit Sicherheit, dass er die Kachelware aus Zürich bezog (vgl. auch Rudolf Denzler, Schaerers Schwiegervater).

Inwieweit dies nun für Thomas Christian Linder zutraf, können wir heute nicht mehr ausmachen. Ein spezielles Augenmerk richten wir schliesslich nach Allschwil.

Im Archiv Keiser, A.K. 13.1–3, Zug, finden wir mehrmals Eintragungen auf den Namen Passavant-Iselin (1886–1899).

Ist es bloss Zufall? Neben Schaerers Elternhaus befanden sich damals die Büroräumlichkeiten der Tonwarenfabrik Passavant-Iselin (Küchengässlein 5).

1878 gegründet, produzierte sie während sieben Jahren auch Hafnerware.[15]

Zu erwähnen ist hier ein den Winterthurer Werkstätten nachempfundener achteckiger Turmofen im «Haus zum Schlüssel», den

Entwurf eines Ofens von Samuel Werenfels für den Einbau im «Blauen Haus», Basel

Strassburger Ofen von Acker und Hannong aus dem Reinacherhof, heute im Haus zum Kirschgarten, Basel

die Familie Passavant-Iselin der Zunft 1884 stiftete.

Für die polychromen Malereien hatte sie den Fayencemaler Friedrich Süffert[16] bestellt, der die grossen Füllkacheln und hochformatigen Lisenen mit Stadtansichten, Porträts der vier Stifter (Gebrüder Passavant) und Basler Persönlichkeiten, daneben Darstellungen aus der Stadtgeschichte und der Tugenden versah.

Ein zweiter Ofen befindet sich im «Ramsteinerhof». Eigentlich bloss als Wandverkleidung und nicht beheizbar, erinnert uns das verwendete Kachelmaterial und die Art der Bemalung (Inglasur blau) stark an die stattlichen Öfen des Zürcher Hafners Leonhard Locher, der die Basler Aristokratie knapp 150 Jahre früher mit seinen Erzeugnissen beliefert hatte.[17]

Im «Ramsteinerhof» stehen zwei Öfen aus Zürich, der Turmofen diente mit Sicherheit als Vorlage für den Passavant-Iselin-Ofen in der Rittergasse.

Ein dritter, runder Turmofen wurde im ehemaligen Postgebäude an der Stadthausgasse aufgebaut.[18]

Neben den zwei mächtigen Walzenöfen der Manufaktur Frisching im grossen Bürgerratssaal verschwindet er fast etwas in einem kleineren mit Stofftapeten überzogenen Raum auf dem gleichen Stock (kleiner Bürgerratssaal).

Die Ausgestaltung der Ofenkacheln (auch hier Stadtansichten und Blumenbuketts, Baselbieter Burgen, Ornamente) oblag vermutlich der gleichen Person wie am Ofen im «Ramsteinerhof».

Weitere komplett erhaltene Öfen aus der rund sieben Jahre dauernden Hafnerei-Produktion in Allschwil sind mir heute keine bekannt.

Einzelne Kacheln sind im Kirschgarten-Museum ausgestellt oder befinden sich in Privatbesitz. Dass die Ziegelei zumindest zwischen 1879 und 1886 noch mehr Hafnerware gefertigt hatte, ist aber erwiesen.

So entnehmen wir Albert Emanuel Hoffmanns Tagebüchern (Band 2, S. 178) gemäss Prof. Huggers Zusammenfassung:

«... und am 30. fährt Hoffmann nach Allschwil in die Ziegelei des Herrn Passavant, um die Kacheln für unsere Öfen zu sehen».

Als Standort der Öfen gelten das Haus zur hohen Sonne (Rittergasse 21) und die «Solitude».

Aber auch hier wurden sie im Zeichen von Umbauarbeiten aus ihrer angestammten Umgebung entfernt, um einem moderneren Interieur Platz zu machen.

Aus der Festschrift der «Thonwarenfabrik» (zum 50-Jahr-Jubiläum[19]) geht leider nicht hervor, wieso die Ofenherstellung schon 1886 beendet und die Fertigung von Dachziegeln und Bodenplatten stark forciert wurde. Es fehlt auch jede Erklärung, wofür Joseph Keiser noch bis 1899 Glasurrohmaterialien nach Allschwil liefern musste. Es mag sein, dass sie für die Farbgebung von speziellen Dachziegeln benötigt wurden.[20]

Dies alles mutet umso merkwürdiger an, als sich die erhaltenen Heizkörper vielversprechend präsentierten und durchaus einen Vergleich mit den Öfen anderer Kachelfabriken aus der gleichen Zeit standhalten.

Geschäftsbücher dazu sind meines Wissens in der Familie Passavant keine mehr erhalten.

Es fehlen uns somit konkrete Angaben über weitere Öfen und nicht zuletzt über die Ofensetzer, die damals mit dem Aufbau beauftragt worden waren.

Es liegt nahe, Eduard Schaerer als den Hafner für diese Arbeiten sehen zu wollen, zumal der nachbarschaftliche Kontakt zur Liegenschaft Küchengasse 7 nachweisbar stattgefunden hatte (vgl. Archiv Keiser, A.K.

Teilansicht des Passavant-Iselin-Ofens im Zunfthaus zum Schlüssel, Basel

Wandverkleidung mit Kachelware der Tonwarenfabrik Passant-Iselin im «Ramsteinerhof», Basel

II, Staatsarchiv Basel, Eingabe zur Erweiterung/Verbreitung des Küchengässleins).

In den Folgejahrzehnten lieferte die Tonwarenfabrik Passavant-Iselin baukeramische Artikel in die ganze Region (Dachziegel, back- und feuerfeste Steine, architektonische Bauteile und Steinzeugartikel).

Es ist zu bedauern, dass der Firma mit ihren Öfen kein länger anhaltender Erfolg beschieden war.

Aus einer möglichen Zusammenarbeit mit Eduard Schaerers Hafnerei (wie sie zwischen dieser und Joseph Keisers Kachelfabrik rund 40 Jahre lang gespielt hatte) ist somit nichts geworden.

Ende 1975 wurde der Betrieb infolge wirtschaftlichem Rückgang in der Baubranche definitiv eingestellt.

Eine Sonderstellung im ausgehenden 19. Jahrhundert nahm der in Basel tätige Eisenhändler und Ofensammler August Scheuchzer-Dür ein. Mit seinen Einkäufen sicherte er der Stadt nämlich mehrere Winterthurer Kachelöfen; heute haben sie ihren Platz im Historischen Museum. Scheuchzer erwarb weitere Öfen sowie einzelne Kacheln und bereicherte damit wesentlich die Studiensammlung dieses Museums. Damals begegnete Scheuchzer dem Hafner Eduard Schaerer, der unter anderem für den Aufbau der oben erwähnten Prunköfen verantwortlich war. Wie dieser war sich Scheuchzer schon bald der künstlerischen Möglichkeiten der Zuger Hafnerwerkstatt Joseph Keiser bewusst.

Die Qualität eines Ofens lässt sich an der jeweiligen «Wohnkultur» ablesen und auch messen: In öffentlichen Gebäuden, vor allem in Bürgerhäusern, wo stilvolles Wohnen einen hohen Stellenwert geniesst, wo «Wohnkultur» gepflegt wird, wurden vorwiegend Prunk- und Kunstöfen aufgesetzt; dieser «Kultur» stand in mehrstöckigen Mietshäusern die «Unkultur» des einfachen, in Serie gefertigten Kachel- und Tragofens gegenüber, die Anfang des 20. Jahrhunderts populär wurden.

Anhang

4 Ein Überblick über die Hafner-Zentren in der Schweiz gibt Rudolf Schnyder im Ausstellungskatalog «Ceramica da Suiza – Ceramics from Switzerland 1500–1900, Museu nacional do Azulejo, Lisboa 1998 resp. Keramik aus vier Jahrhunderten – Quatre siècles de Céramique suisse, Musée national Suisse, Château de Prangins 1998.

5 Karl Stehlin «Fabrikate einer Basler Töpferwerkstatt 1397-1457», BZGA 1907, S.160–163. Christine Keller und Daniel Grütter «das Basler Hafnerhandwerk vom Spätmittelalter bis zur Industrialisierung, Kunst und Architektur», 50. Jg. 1999, Heft 2.

6 Z.B. Alexander Mende durch Jakob Hofmann, Ofen Schlüsselzunft, Ofen im Haus z. Delphin u.a.

7 Rudolf F. Burckhardt, «Öfen in Basler Häusern aus der Frisching'schen Fayence-Manufaktur in Bern», ASA 30, 1925 S. 168 ff.
Walter A. Staehelin «Keramische Forschung in bernischen Archiven. Die Öfen der Manufaktur Frisching in Bern, in KFS 81, 1970.

8 Alexander Mende, Heinrich, Samuel & Christoph Friedrich Hug; Friedrich, Franz und Christoph Laubheim, Johann Rudolf Weiss; Carl Schnäbelin; Hafner in Basel.

9 S. Anm. 7.

10 Samuel Werenfels' Ofenrisse, abgebildet bei «Keramische Forschungen in bernischen Archiven von W. A. Staehelin (S.12, 26, 27).

11 Prospekt der Kunsttöpferei Hausleiter & Eidenbeiss, Frankfurt am Main. Auch I. Kerser liess sich davon Inspirieren, vgl. A.K. 9. Die Architekten Berri, Riggenbach, Oswald sowie Stehlin liessen ihre Pläne von der Zürcher Hafnerei Bodmer & Biber ausführen, während andere Architekten, so z.B L. Friedrich, Vischer & Fueter, La Roche & Staehelin, Suter & Burckhardt oder Eckenstein & Kehlstadt den Zuger Kachelfabrikanten bevorzugten.

12 Im Ofenloch des besagten Ofens.

13 Adressbuch BS 1877, Inserat.

14 Adressbuch BS 1868, Inserat.

15 Festschrift zum 50-Jahr-Jubiläum der Thonwaren-

Passavant-Iselin-Ofen im Stadthaus, Basel (kleiner Bürgerratssaal)

fabrik, Dezember 1928, in: Fachschriften-Verlag & Buchdruckerei AG, Zürich. In den Folgejahrzehnten lieferte die Tonwarenfabrik Passavant.-Iselin baukeramische Artikel in die ganze Region (Dachziegel, back- und feuerfeste Steine, architektonische Bauteile und Steinzeugartikel). Aus einer möglichen Zusammenarbeit mit Eduart Schaerers Hafnerei (wie sie zwischen dieser und Keisers Kachelfabrik während rund 40 Jahren gespielt hatte) ist somit nichts geworden. Ende 1975 wurde der Betrieb infolge wirtschaftlichen Rückgangs in der Baubranche definitiv eingestellt).

16 Friedrich Süffert war selbstständiger Dekorationsmaler in Basel.
17 Brigitte Melse in: «200 Jahre im Ramsteinerhof zu Basel 1796–1996», «Die Öfen im Ramsteinerhof», S. 47–63.
18 Ofen nicht signiert.
19 S. Anm. 15.
20 «Die Entdeckung der Stile», S. 48, Lieferung 11.1.1896, letzte Lieferung 29. März 1899).

Abb. einer Postkarte anlässlich des Total-Ausverkaufs der Ofen- und Herdfabrik F. Böhler, um 1920

4. Die Basler Hafnereien im ausgehenden 19. Jahrhundert – ein Überblick

In der zweiten Hälfte des 19. Jahrhunderts gab es in Basel eine stattliche Anzahl Hafnereibetriebe[21]; dieser Bestand blieb bis 1900 einigermassen stabil. Anschliessend erlitt das Hafnergewerbe aber einen Einbruch; gleichzeitig ging auch in verschiedenen Kachelfabriken der Schweiz die Produktion zurück. Die Basler Hafnereien nahmen nun laufend ab.

Um die Jahrhundertwende beschäftigte ein Viertel aller Betriebe sechs bis acht Arbeiter; bei den übrigen waren je nachdem bis zu vier Hafner angestellt. Vereinzelt arbeiteten Hafner auch alleine.[22]

Die verschiedenen Arten von Ofenbaugeschäften von damals habe ich zum besseren Verständnis in vier Gruppen[23] gegliedert:

1. Gruppe:

Der Tätigkeitsbereich dieser Handwerker war zwiefältig: Einerseits beschäftigten sie sich mit der Fertigung von Metallöfen[24] (Guss- oder Eisenblechöfen mit ausschamottiertem Innenleben), andererseits konzen-

Ofenfabrik P. Lüdin im St. Johann-Quartier, Basel

trierten sie sich auf die Herstellung von Kochherden[25]; dabei waren sie auf eigens dafür eingerichtete Schlossereien und Giessereien[26] angewiesen.

2. Gruppe:

Das Auf- und Umsetzen von neuen und schon bestehenden Kachelöfen machte bei den Betrieben dieser Gruppe den Hauptteil ihrer Arbeit aus. Mit dem regelmässigen Ausstreichen der Ofenfeuerungen sowie kleineren und grösseren Reparaturen sicherten sie sich zusätzlich den übrigen Teil ihres persönlichen Auftragbedarfs.

3. Gruppe:

Nach 1900 kamen vermehrt «Ofenfabriken» auf. Den damaligen Bedürfnissen angepasst, brachten sie vor allem Rahmenöfen auf den Markt, und zwar in grosser Stückzahl und in unterschiedlichen Ausführungen (für feste Brennstoffe, wie Holz und Kohle).

4. Gruppe:

Diese Gruppe umfasst kleinere Ofenbaugeschäfte, die einfachere Maurer- und Hafnerarbeiten verrichteten. Daneben kauften sie Rahmen und Armaturen direkt beim Fabrikanten[27], oder liessen sie speziell anfertigen, mauerten die Öfen dann selber aus und verkleideten sie mit Kacheln nach ihrem Geschmack[28], die sie wiederum über die Kachelhersteller erhielten.

Der Konkurrenzkampf unter den Hafnern stieg bei stetigem Arbeitsrückgang an: Einzelne Hafner gaben ihre Selbständigkeit auf und liessen sich von Ofenfabriken anstellen; andere besannen sich auf allerlei Nischen: Wilhelm Hilberer zum Beispiel (sein Vater war früher Hafner bei Eduard Schaerer gewesen) spezialisierte sich auf den Service von Kohleöfen der Rheinschifffahrt.

Auch noch im 19. Jahrhundert waren die Hafner mit verschiedenen anderen Handwerkszweigen in der «Zunft zu Spinnwettern» zusammengeschlossen; sie wurden der ärmeren Bevölkerungsschicht zugerechnet.

Ihr Arbeitsalltag, in der Regel zwölf Stunden bei einer ordentlichen Sechs-Tage-Woche, war lang und anstrengend[29].

Der Verdienst eines Stadthafners blieb – 1889 beispielsweise – mit fünf Franken pro Tag sehr bescheiden[30]. Das ergab ein durchschnittliches Jahreseinkommen von rund 1400 Franken (wobei die jährliche Wohnungsmiete etwa 500 Franken, also einen guten Drittel der Gesamtausgaben, ausmachte).[31]

Auszug aus den Geschäftsbüchern der Hafnerfamilie Herzog, Frick, 1889

Auf dem Land wurden im selben Jahr den Hafnern Fr. 1.85 bis Fr. 2.50 pro Tag für eine ähnliche Arbeit ausbezahlt.[32]

Zum Vergleich: 1923 war der vom Schweizer Hafnermeisterverband empfohlene Stundenlohn für Basel mit Fr. 1.85 veranschlagt (und zwar bei elf Arbeitsstunden pro Tag). Dies entsprach einem Monatslohn von ungefähr 500 Franken. Auf dem Land hingegen hatte ein Hafner einen Stundenlohn von Fr. 1.70.[33]

In der Zwischenzeit hatte sich die Wohnsituation aber nicht zugunsten der Arbeiterschaft verändert.

Anhang

21 Adressbücher ab 1850.
22 Bundesgesetz betreffend Arbeit in den Fabriken (23.3.1877) und Fragenschema zum Fabrikgesetz 1896, StA BS.
23 Die hier vorgenommene Einteilung ist natürlich eine Vereinfachung: In Wirklichkeit waren die damaligen Verhältnisse komplizierter.
24 Böhler, Löw.
25 Champion, Bürkli, Zeiger, Bergmaier.
26 Clus.
27 Baer, Lutz, Lüdin, Clus.
28 Hafner Hans Baumgartner, Hans Thommen.
29 S. Anm. 22.
30 Unterlagen Eduard Schaerers zum Unfall seines Arbeiters Joseph Rohth StA BS.
31 Luca Trevisan «Das Wohnungselend der Basler Arbeiterbevölkerung in der zweiten Hälfte des 19. Jh.», 168. Njbl. der GGG.
32 Geschäftsbücher der Hafnerfamilie Herzog in Frick, 1889, heute bei Hafnermeister Vinzenz Herzog iun. in Frick.
33 Briefwechsel zwischen Eduard Schaerer und Joseph Keiser A.K. 11.

5. Der Niedergang des Hafnerhandwerks

Als Gegenstück zu den kunsthandwerklichen Hafnerbetrieben, wie Eduard Schaerers Ofengeschäft mit seinen Einzelanferti-

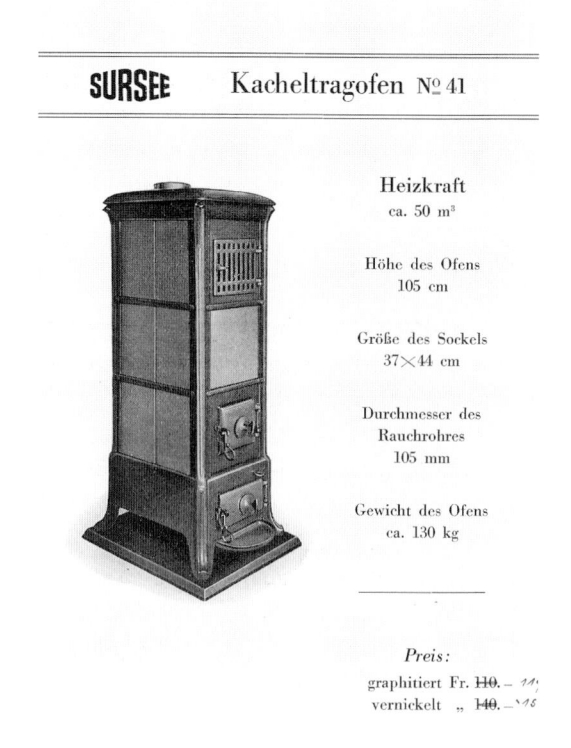

3 Reihen hoher Rahmenofen der Firma Sursee

gungen, können wir die Ofenfabriken mit ihren in Serie hergestellten Tragöfen ansehen.

Die nicht ortsfest aufgebauten Heizkörper im Eisengestell (anfangs auch häufig aus Gusseisen), oft mit Ausschuss-, aber auch mit eigens dafür gemachten Kacheln, später mit emaillierten Blechplatten verkleidet, waren vorerst hauptsächlich für das problemlose Feuern mit Kohle bestimmt.

Viele Arbeiterfamilien, die um die Jahrhundertwende in eben erstellte Mehrfamilienliegenschaften einzogen, mussten häufig in überaus engen Verhältnissen leben. Eines kam ihnen aber entgegen: Die (Kohle-)Füll- und Tragöfen erbrachten eine hohe Leistung, waren sehr robust und bedienungsfreundlich, und das Lagern der Kohle beanspruchte nicht viel Platz.

Basel wurde schnell zum Mittelpunkt für die Herstellung von Rahmenöfen; führend waren die «Ofenfabriken» Affolter-Christen,

K. Enderle und P. Lüdin. Sie und die Firma Sursee mit einer Filiale in Basel sowie die Ofenfabrik Clus bei Balsthal deckten den grössten Teil der Nordwestschweiz mit ihrem reichhaltigen und preisgünstigen Angebot ab. So kostete zum Beispiel nach 1930 bei Affolter-Christen der Ofentyp «Rigi» (drei Schichten hoch) 105 Franken; die Ofenfabrik Sursee hatte das entsprechende Ofenmodell mit 110 Franken angeschrieben.[34] Das Ausmauern der Öfen war schon im Preis inbegriffen.

Parallel zur Produktion von Gestellöfen stieg der Bedarf nach der anspruchsvolleren, aber fabrikmässigen und darum auch finanziell interessanteren Anfertigung von freistehenden Rechteckkachelöfen; es handelte sich um Turmöfen mit stark reliefierter Kachelware im Rastermass, vorspringendem Sockel, zurückgesetztem Aufbau und mit weit ausladendem Abschlusssims.

Über einen kurzen Zeitraum (1910–1925) lieferten die Kachelfabriken glatte Kachelware mit zeitgemässem Jugendstildekor. Die meisten Hafnereien befriedigten jetzt die Wünsche und Ansprüche ihrer Kundschaft, indem sie – anstandslos – preisgünstige Kacheln aus dem süddeutschen Raum und aus Sachsen einführen liessen.[35] Im Wettbewerb mit den deutschen Firmen stiessen die Schweizer Produzenten auf Ausfuhrsperren und Zollerschwernisse.

Im Überlebenskampf sahen sich deshalb etliche einheimische Kachelfabriken gezwungen[36], ihren Betrieb umzustrukturieren: also stellten sie vermehrt Steinzeugplatten, Töpfe und architektonische Bauteile her.

Das 20. Jahrhundert ist klar nicht mehr das Zeitalter der stil- und stimmungsvollen Öfen.

Mit dem Niedergang der traditionsreichen Herstellerfirmen und dem rasant voranschreitenden städtischen Wohnungsbau geht die Ära der Kunst-Öfen zu Ende. Bedingt durch diese Entwicklung (damit verbunden die Nachfrage nach serieller Herstellung) und die zunehmend wachsenden Komfortbedürfnisse der Bevölkerung nahmen die Forschungsarbeiten für verbesserte und wirksamere Heizungen stetig zu.

Das wissenschaftliche Suchen und Erproben neuer heiztechnischer Lösungen in eigens dafür geschaffenen Labors mit den dazu notwendigen Messeinrichtungen nahm so seinen Anfang. Ziel war es zum einen, mittels Speichermasse und wohldurchdachter Rauchgasführung über gemauerte Kanäle (liegende beziehungsweise Steig- und Fallzüge) eine bessere Ausnützung der durch den Abbrand gewonnenen Wärme zu erreichen.

Daneben wurde vermehrt Wert auf die technische (Weiter-)Entwicklung gelegt: So setzten die Hafner erstmals Zentralheizungen ein, optimierten die schon über 50 Jahre bekannten Luftheizungssysteme, schufen Sparöfen (Allesbrenner) und verbesserten auch laufend die Technik der Gestellöfen.

Rechteckofen, ehemals Küchengässlein 7, Basel

So finden wir hier schon früh in der Ofenrückwand sogenannte «Sekundärluftsteine», über welche vorgewärmte Luft (über den darunter liegenden Aschenraum) in die Verbrennung eingeführt wird. Damit erzielte man eine wesentliche Reduktion des Schadstoffausstosses.[37]

Parallel dazu kamen Elektroheizungen auf: Die Hafner bauten Heizkabel oder Heizstäbe im Ofeninnern ein oder installierten sogenannte Elektro-Speicheröfen. Diese technischen Errungenschaften haben auch heute noch Bestand.

Anhang
34 Kataloge der Firmen Affolter-Christen und Sursee, beim Verfasser.
35 Baden-Baden, Lahr, Oos; Sachsonia & E. Teichert in Cöln bei Meissen.
36 Zum Beispiel die «Thonwarenfabrik» Passavant-Iselin in Allschwil sowie die beiden Kachelfabrikanten Bodmer in Zürich und Joseph Keiser in Zug.
37 Vgl. Enderle Ofenfabrik, Staatsarchiv Basel.

Der Ofensetzer
Eduard Schaerer (1858–1934)

1. Die Vorgeschichte

Rudolf Denzler-David schuldete gemäss Inventar von 1850 der Firma Bodmer in Zürich-Riesbach 1242 Gulden für gelieferte Kachelware.[38] (Das entsprach sechs ganzen Öfen, ein Gulden galt etwa Fr. 2.35).

Zu jener Zeit war Denzler in Basel der bedeutendste Abnehmer von Bodmers Ofenkacheln.

Als Hafner und Wirt mit Domizil am Hirschgässlein verfügte er über einen stattlichen Kundenkreis. Zahlreiche Eintragungen in den Geschäftsbüchern der Zürcher Tonwarenfabrik bezeugen die rege Geschäftstätigkeit des Hafners aus Basel. Möglicherweise konnte Rudolf Denzler auch für namhafte Architekten wie Berri oder Riggenbach – beide sind bei Bodmer als Kunden aufgeführt – Hafnerarbeiten ausführen.

Denzlers neu erbautes Haus[39] am Küchengässlein beim Centralbahnhof (Bahnhof SBB) war nach siebenjähriger Bauzeit im Jahre 1859 endlich fertiggestellt.[39] Das Haus bestand aus einem mehrgeschossigen Wohnteil, und im Hinterhof war die Werkstatt untergebracht.

1868, also knapp zehn Jahre später, starb Rudolf Denzler-David. Nun wurde die Witwe Magdalene Denzler-David Besitzerin der Liegenschaft. 1870 wurde das Grundstück auf Eduard Schae-

Bertha Wüthrich mit den vier Kindern und Schwägerin, flankiert von zwei Gesellen, im Hof Küchengässlein 7, Basel

2

Judith Schaerer-David

Eduard Schaerer senior

Hafnerei E. Schaerer, Küchengässlein 7, Basel

Die Küche im Haus E. Schaerers, Küchengässlein 7, Basel

rer-David überschrieben. Zuletzt liess sich 1883 Judith Margareth Schaerer-David als Eigentümerin des Hauses und als Inhaberin einer «Ofenfabrik» im Grundbuch eintragen.[40]

Hier im Küchengässlein spielte sich Eduard Schaerers Leben ab.

Anhang

38 P. Kern: Vom Handwerkerbetrieb zur Fabrik. Die Hafnerei Bodmer in der 2. Hälfte des 19. Jahrhunderts (Volkskundliches Seminar der Universität Zürich), S.107.

39 Staatsarchiv Basel: Eintrag von 1859 betreffend die Liegenschaft im Küchengässlein 7.
Heutiger Strassenname: Küchengasse.
Staatsarchiv Basel: Eintrag von 1859 betreffend die Liegenschaft im Küchengässlein 7.

40 Staatsarchiv Basel: Adressbuch von 1883.

Eduard Schaerer und Bertha
Wüthrich als junges Paar

2. Eduard Schaerers Leben (1858–1934)

Eduard Schaerer jun. wurde am 1. Dezember 1858 in Bern geboren. Seine Mutter war Judith Schaerer-David (uneheliche Tochter der Magdalene Denzler-David), sein Vater war der Ingenieur Eduard Schaerer senior. Die Familie siedelte 1863 nach Basel über. Inzwischen waren zwei Mädchen zur Welt gekommen.[41]

Da der Betrieb des Schwiegervaters (Rudolf Denzler-David) damals gut lief, war es nur natürlich, dass Eduard Schaerer senior bald einmal die Nachfolge antreten würde. Obgleich Eduard Schaerer senior nicht direkt vom Fach war – er war bis anhin als Ingenieur im Brückenbau tätig gewesen –, gelang es ihm trotzdem, sich mit seinen Kenntnissen, seiner Offenheit für technische Neuerungen und nicht zuletzt mit Hilfe seiner Arbeiter rasch einen guten Namen über die Grenzen der Stadt zu verschaffen.

Eduard Schaerer senior profitierte von seinem Schwiegervater über die Heirat mit Judith David in mehrfacher Hinsicht:
– Durch die Übernahme des Geschäfts nach Rudolf Denzler-Davids Tod, 1867.
– Durch die langjährigen Erfahrungen Rudolf Denzlers, dessen Geschäftsverbindungen mit verschiedenen Lieferanten einen wesentlichen Teil der täglichen Arbeit Eduard Schaerers senior mitbestimmen und erleichtern sollten.
– Durch die Zugehörigkeit bei der Feuerschützengesellschaft, die Schaerer zusätzliche Aufträge einbrachten.
– Durch den bisherigen Kundenbestand Denzlers, den Schaerer in den folgenden Jahren halten und weiter ausbauen konnte.

In «Die Entdeckung der Stile» liess Rudolf Schnyder, nach Sichten verschiedener Unterlagen im Archiv Joseph Keiser, ein vielfältiges Bild von Eduard Schaerer senior aufleben. Dieser war ja nicht nur Geschäfts-

Der Ofensetzer Eduard Schaerer (1858–1934)

Entwurf E. Schaerers senior für einen Kastenofen, kolorierte Zeichnung

führer des schwiegerväterlichen Betriebs geworden, sondern entwickelte schon sehr schnell eigene Initiativen. Unter diesem Gesichtspunkt ist das gefundene Farbenjournal Eduard Schaerers senior zu sehen.[42] Zugleich brachte das Inventar Joseph Keiser, Zeichnungen, verschiedene Ofenrisse in

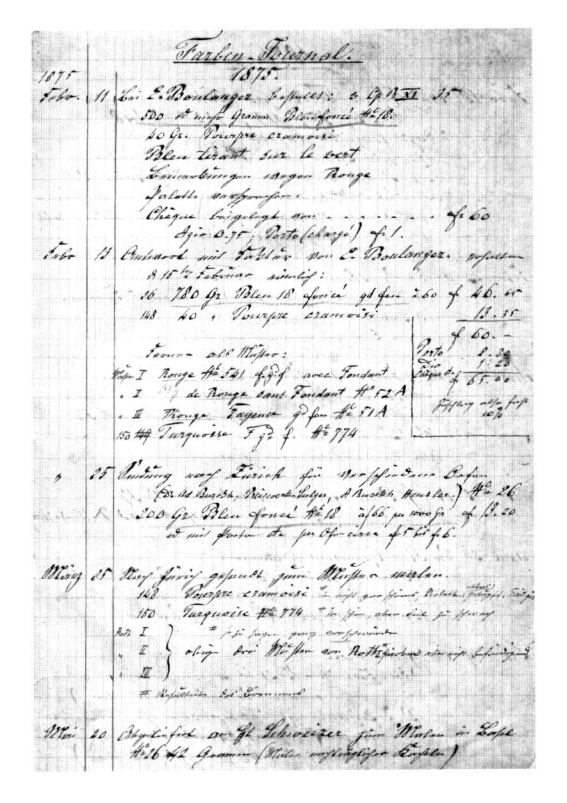

Einträge E. Schaerers senior 1875 im Farbenjournal

Tusche/koloriert an den Tag, die eindeutig auf Eduard Schaerer senior zurückgehen.

Eduard Schaerer junior liess später noch öfters Öfen in der Art der väterlichen Entwürfe anfertigen.[43]

Eine Sammlung von Vorschlägen für über 160 Cheminée-Verkleidungen, meistens in Marmor nach Vorlagen aus Paris (L. Dieuz, Rue St-Martin 361, Paris), gibt Aufschluss über Eduard Schaerers senior Tätigkeit als Cheminee-Bauer.[44] Schaerer überliess diese Joseph Keiser 1892 für verschiedene Cheminée-Entwürfe.

Das Erstellen von Luftheizungen (als Halbspeicher – oder reine Warmluftöfen gedacht), wie sie damals in Mode kamen, zeigt einen weiteren Zweig aus Eduard Schaerers senior Angebot.

Als «Bernburger» nach Basel gekommen, bestätigte er sich politisch im Grossen Rat, wo er in mehreren Kommissionen wertvolle Arbeit leistete, ohne sich je in den Vordergrund zu drängen.[45]

Eduard Schaerer senior starb – überraschend früh – im Jahr 1877 einundfünfzigjährig an einer Lungenentzündung. Zu Lebzeiten hatte er noch den Wunsch geäussert, seinen Sohn ein paar Semester lang am Technikum in Winterthur weiterbilden zu lassen.

Trotz des frühen unerwarteten Tods erleichterte er seinem gleichnamigen Sohn den Einstieg in die Ofensetzerei und das Führen des Geschäfts über seine vielfältig aufgebauten beruflichen und persönlichen Kontakte mit einem gepflegten Kundenkreis.

Eduard Schaerer war als Kind an einer Brustfellentzündung erkrankt. Darum blieb er schonungsbedürftig unter der Obhut seiner strengen Mutter Judith, die nach dem Tod ihres Gatten das Ofengeschäft vorübergehend allein weiterführte.

Für sie war es selbstverständlich, Eduard nach den drei Jahren Primarschulunterricht ins Humanistische Gymnasium zu schicken. Dies entsprach einem vielgeübten Brauch für Handwerkersöhne, war aber für Eduard keine glückliche Zeit.

Er wechselte in die Gewerbeschule (spätere obere Realschule) und durchlief einige Klassen, wovon unter anderem der kunstgewerbliche Unterricht bei Wilhelm Bubeck für ihn prägend sein sollte.[46]

Obwohl Eduard nicht besonders geschickte Hände hatte – er entsprach also nicht so recht dem Bild des klassischen Handwerkers – war er trotzdem bei seinem Vater in die Hafnerlehre eingetreten. Als Achtzehnjähri-

Die Hafnerei J. Wespi in der Vorstadt, Brugg

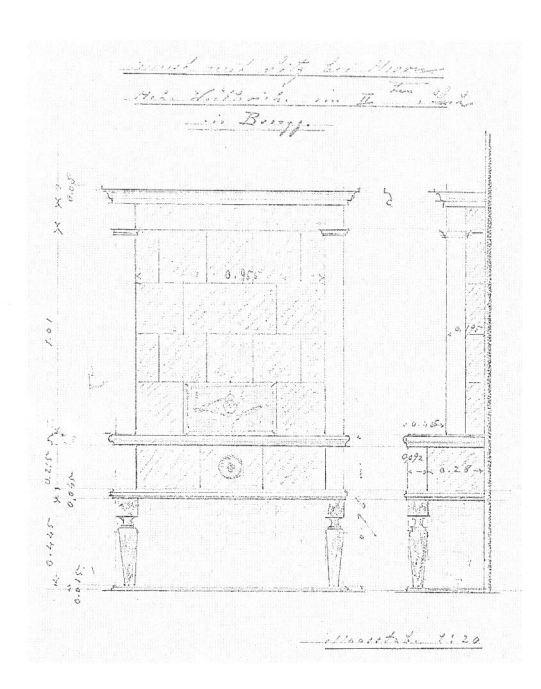

Kunst und Sitz bei Herrn Hch. Wüthrich im 2. Stock in Brugg (Elternhaus von E. Schaerers Frau). Skizzenbuch E. Schaerer

ger musste er dann aber auf Geheiss seiner Mutter Judith zur Weiterbildung nach Brugg zu Hafnermeister Jakob Wespi[47] gehen, der Inhaber einer kleineren Ofenfabrik war, um sich wesentliche Kenntnisse der Kachelfabrikation anzuzeigen. Eduard Schaerer lernte dort, wie man Ofenkacheln formt, glasiert und brennt.[48] Er übte sich fleissig im Freihandzeichnen und er erstellte Skizzen von Öfen und deren Bestandteilen.[49] Er bildete sich laufend in Kunstgeschichte weiter und entwickelte nach und nach ein sicheres Gefühl für die verschiedenen Stilformen.

Auch aus einem anderen Grund wurde Brugg für Eduard Schaerer schicksalhaft, denn dort lernte er die Konditorstochter Bertha Wüthrich kennen, die er später heiratete. Aus ihrer Ehe gingen vier Kinder hervor: Bertha (1895), Margrit (1897), Edi (1899) und Elisabeth (1904).

1885 wird der Name Schaerer erstmals im Basler Adressbuch als Inhaber des Ofengeschäfts aufgeführt. Im Hintergrund lenkte aber noch immer seine willensstarke Mutter Judith die Geschicke des Betriebs.

1895 inserierte Eduard Schaerer sein Unternehmen folgendermassen: «Ofensetzerei, Installation von Luftheizungen und diversen Feuerungen.»

Eduard Schaerer hatte Hafner aus Basel, dem Leimental und dem angrenzenden Elsass angestellt. Auf einem losen Blatt aus Joseph Keisers Ofenkatalog (1901) lesen wir als Bemerkung zum Ofentyp 5a: «Eduard Schaerer, Erstellen von Öfen, Cheminées, Luftheizungen etc., von den einfachsten bis reichsten Einrichtungen, Reparaturen jeglichen Feuerwerks.[50]»

Dieser Ofen von Joseph Keiser, der in der Art der Winterthurer Hafnerwerkstätten gebaut wurde, wird im Kapitel «4. Die Öfen» vorgestellt und ausführlich beschrieben.

Eduard Schaerer war ein fachlich beschlagener und aufrichtiger Chef; er führte das Geschäft im Stile seines Vaters erfolgreich weiter.

Seine Gattin Bertha war nie Geschäftsfrau geworden; ihre Unterstützung beschränkte sich auf das gelegentliche Schreiben von Rechnungen und auf kleine Büroarbeiten. Zusammen mit einer Dienstmagd kümmerte sie sich vornehmlich um ihre Kinder und um das Wohl aller übrigen Hausangehörigen. Sie hätte kaum einen grösseren Einfluss auf den Betrieb nehmen können, denn der blieb die Domäne ihrer Schwiegermutter Judith Schaerer. Zeitlebens behauptete sie sich als Geschäftsführerin gegen ihren Sohn Eduard und ihre Schwiegertochter Bertha.

Anfang der Zwanzigerjahre klagte Eduard Schaerer erstmals in einem Brief an Joseph Keiser[51] über den momentan schwachen Geschäftsgang und darüber, dass es um die Hafnereien auf dem Platz Basel nicht gut bestellt sei. Zugleich deutete er an, dass er gesundheitlich angeschlagen sei; er meinte, er habe über viele Jahre die Zeichen seines Körpers missachtet und müsse jetzt dafür büssen.

In seinem siebzigsten Lebensjahr (1928) fühlte er sich den Anstrengungen seines Berufes nicht mehr gewachsen. Nach einem Unfall bei der Arbeit musste er sich am Knie operieren lassen. Danach gab er sein Geschäft auf. Das geliebte Haus am Küchengässlein, an dem er 60 Jahre lang gehangen hatte, verliess er nur widerwillig. Dem Wunsch seiner Familie folgend, tauschte er es mit einem bequemen und sonnigen Haus auf dem Bruderholz (Amselstrasse 22). Eduard Schaerer starb am 6. März 1934 an einer Herzschwäche.

Sein Sohn Edi war an der Hafnerei nicht interessiert. Statt des Vaters Betrieb zu übernehmen, wurde er Landwirt.

Abgesehen von ein paar persönlichen Gegenständen, die in den Besitz von Eduard Schaerers Nachfahren gekommen sind, ist von der Hafnerei kaum mehr etwas übrig geblieben.

Anhang

41 Vgl. «Entdeckung der Stile», W. Higy «Eduard Schaerer» S. 58 ff.
42 Vgl. «Entdeckung der Stile», R. Schnyder in «Dokumente aus der Hafnerei in Basel» S. 55–57.
43 «Entdeckung der Stile», Stempel auf den Ofenrissen S. 97.
44 Vgl. Archiv Joseph Keiser, 9.2., 8.1. und 8.2.

Kachel aus der Hafnerei J. Wespi Brugg, um 1845

45 Vgl. Nachruf v. 15.3.1877, Basler Nachrichten.
46 Wilhelm Bubeck war der 1. Direktor der allgemeinen Gewerbeschule Basel und Architekt von Beruf.
47 J. Wespi (1830–1889) Kachelfabrikant und Hafner von Ossingen (ZH), hatte seine Werkstatt an der Zurzacherstrasse 46–47. Kontrolle der Aufenthaltsbewilligungen, Stadtarchiv Brugg (Kantonsfremdenkontrolle D b 5); Eduard Schaerer war vom 11.7.1877 bis 3.10.1878 bei Jakob Wespi in der Lehre.
48 Archiv Joseph Keiser, Museum Burg, Zug. Eduard Schaerer gibt in einem Brief vom 27.8.1924 Joseph Keisers Erben Ratschläge für gutes und sauberes Glasieren und Brennen von Ofenkacheln (A.K.11).
49 Skizzenbuch Eduard Schaerer (Sitzbank aus dem Elternhaus seiner Frau, um 1898), Basler Denkmalpflege, resp. Staatsarchiv Basel.
50 Archiv Joseph Keiser, Museum Burg, Zug 7,1.
51 Archiv Joseph Keiser, Museum Burg, Zug. Der Brief datiert vom 13. August 1924. A.K. II. Archiv Joseph Keiser, Museum Burg, Zug. Der Brief datiert vom 13. August 1924. A.K. II.

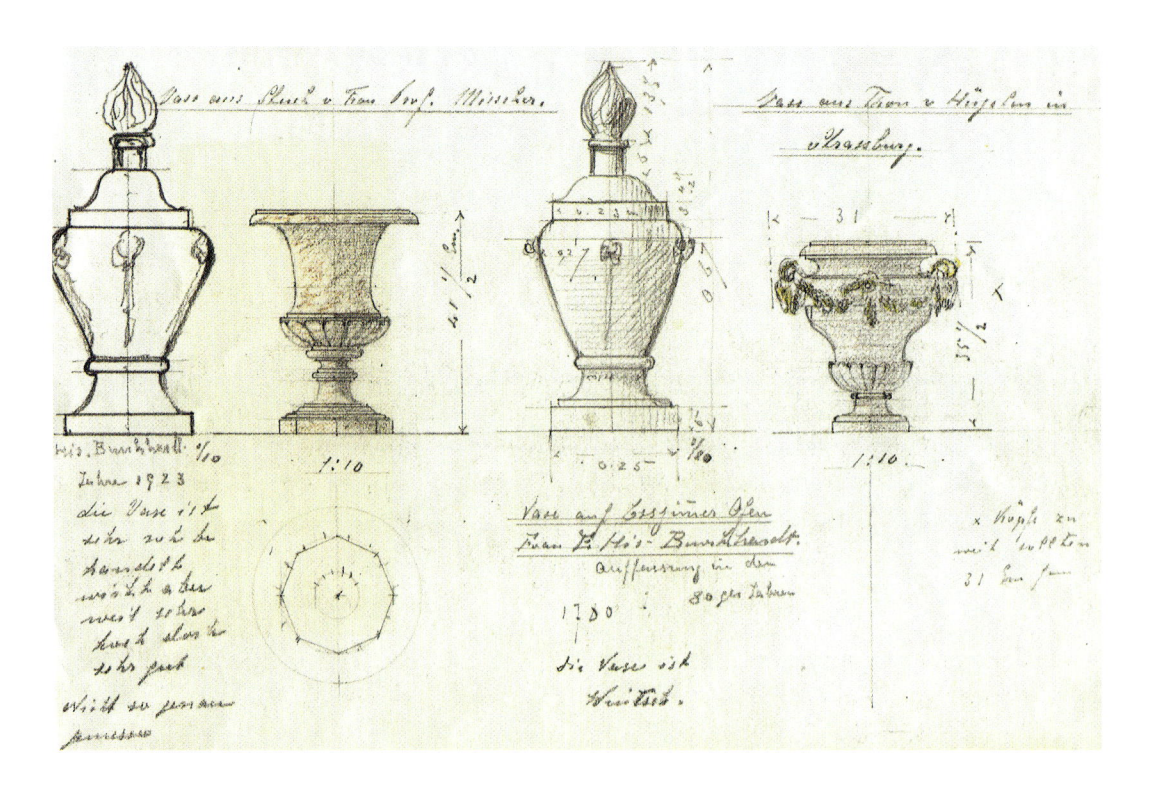

Aus dem Skizzenbuch Eduard Schaerers, Vasen als Abschluss zu verschiedenen Öfen

3. Eduard Schaerers Arbeiten

Im Nachruf der Familie zu Eduard Schaerers Tod (1934) heisst es: «Das Verschwinden von grossen, alten Kachelöfen, ihr Zurückweichen vor billiger, geizig berechneter Fabrikware und der seelenlosen Zentralheizung war für ihn (Eduard Schaerer) ein Schmerz. Als er sein Geschäft aufgab, hatte er das Gefühl, die Zeit verantwortungsvoller Handwerksarbeit sei auf diesem Gebiete vorbei.»

Die Spur zum Ofensetzer Eduard Schaerer konnte auf Umwegen durch das Museum Burg in Zug wieder aufgenommen werden. Das Museum kaufte 1993 den bis anhin noch gut erhaltenen, sehr umfangreichen Nachlass der Hafnerei Joseph Keiser. Dieser umfasst schriftliche Unterlagen, Pläne, Zeichnungen, Fotos und Abbildungen zu den Produkten der Zuger Werkstätte.

Die Familie Joseph Keiser schenkte dem Museum zudem keramische Erzeugnisse, Modelle und Hafnerwerkzeuge.

Unter den erhaltenen Dokumenten finden sich auch:

Skizzen und Pläne von Eduard Schaerer senior und von Eduard Schaerer selbst. Josef Keiser war im Besitz eines von 1867–1879 sorgfältig ausgeführten Farbenjournals.[52] Darin hielt Vater Schaerer seine selbst zubereiteten Glasurproben und Farbversuche fest. Nachzulesen sind hier auch Geschäftsverbindungen zur Kachelofenfabrik Bodmer & Biber in Zürich (fürs Brennen der Glasurproben) sowie zu den Dekorationsmalern Schweizer & Wildermuth in Basel (zum Malen von Mustern) und nicht zuletzt zu Hafnermeister Wespi in Brugg (dem späteren Lehrmeister von Eduard Schaerer).

Eduard Schaerers senior Ofenpläne sind zwar nicht datiert, lassen sich aber leicht zuordnen, fallen sie doch alle in die Zeit zwischen 1865 und 1877. Sie dokumentieren zudem die Bemühungen Eduard Schaerers senior, den bemalten Kachelofen wieder salonfähig zu machen (häufig weiss mit Blaumalerei). Die Zeichnungen sind mit sicherem Strich gezogen, bis ins Detail sauber ausgeführt und mit markantem Schattenwurf versehen.

Sie zeigen Rund- und Rechtecköfen im klassizistischen und historisierenden Stil, unterteilt in Sockel und Oberbau mit Giebel- oder Kuppelabschluss, meist mit einer Vase oder einem Knauf bekrönt. Auch von Eduard Schaerer junior gibt es eine Fülle von Ofenrissen – über 40. Sie sind in der Regel datiert (1897–1927). Ein kleiner Teil ist zeitlich nicht näher gekennzeichnet, von der Art der Öfen aber unschwer einzuordnen (betrifft u.a. Öfen nach 1900) oder als Ofentyp (aus Joseph Keisers «Katalog») erkennbar.[53]

Von Eduard Schaerer existieren auch verschiedene Handskizzen historisch bedeutsamer Öfen: Ein Steckborner Ofen aus Bischofszell, heute in der Studiensammlung des Historischen Museums Basel, Strassburger Öfen von Hannong & Acker, ein Ofen des Lenzburger Hafnermeisters Hans Jakob Frey, verschiedene Keiser-Öfen usw., darunter auch ein «Aarauer Ofen», der sich als Ofen des Aarauer Hafners Balthasar Fischer im Haus von Schaerers Tochter Elisabeth Gessler (Frau von Rektor Paul Gessler), in Riehen entpuppt

Daneben gibt es eine Mappe mit Fotografien von Öfen aus Basel aus der Zeit zwischen 1887 und 1927 (vom Socin-Ofen bis zum Ofen von Direktor Stauffacher) wohl zumindest teilweise von Eduard Schaerer selbst aufgenommen und mit persönlichen Notizen versehen (vgl. Socin-Ofen, Ofen im Haus zum Bären usw.).[54] Viele Öfen wurden seither abgebrochen.

Eine umfangreiche Korrespondenz zwischen Joseph Keiser und Eduard Schaerer vermittelt einen nachhaltigen Eindruck über die Beziehung der beiden und liefert weitere Aufschlüsse über den Geschäftsgang, den Kundenkreis des Basler Hafnergeschäfts und die Zusammenarbeit mit anderen Handwerkern.

Entsprechendes gilt für den Briefwechsel zwischen August Scheuchzer-Dür und Josef Keiser.

In den Geschäfts- und Rechnungsbüchern Joseph Keisers können wir über viele Jahre fast lückenlos Eduard Schaerers Ofenbestellungen beim Zuger Hafnermeister mitverfolgen.

Eine andere sichere Quelle, die über die Art von Eduard Schaerers Betrieb und seine Arbeiten Auskunft geben kann, birgt das Basler Staatsarchiv. So z.B. Unterlagen zu Eduard Schaerers Tätigkeit im Basler Rathaus (Regierungsratssaal-Ofen), zu seinem Kontakt zur Strassburger Hafnerei Hugelin über die Anzahl seiner Angestellten oder Dokumente wie der Nachruf zum Tode seines Vaters.

Auch das Ende der Einzelfirma «infolge Verzicht des Inhabers erlöschend, 1928 Dezember 10.», ist im Handelsregister festgehalten. Nicht vergessen dürfen wir Eduard Schaerers Skizzenbücher (mit Zeichnungen von ganzen Öfen, Bauteilen und Kacheln, aber auch mit Motiven zur Bemalung von Ofenkeramik) bei der Basler Denk-

Ofen für die Bärenzunft 1895

Der Socin-Ofen von 1887, aus Schaerers Skizzenbuch

Musterplättchen mit Putten, Fayence mit grauer Glasurmalerei als Farbprobe E. Schaerers senior, 1869

Zunftwappenschild von E. Schaerer senior, 1849, Bern

Schriftstück beim Abbauen eines Rundofens an der Langen Gasse 21, Basel, 1998 gefunden

malpflege (neu im Staatsarchiv Basel) und der Gemeinde Amden.

Im Weiteren sind Aufträge Eduard Schaerers in den Büchern mehrerer Basler Zünfte schriftlich festgehalten: Die Öfen im Schützenhaus, dem Sitz der Feuerschützen; die grossen Öfen der Zunft zu Hausgenossen (Haus zum Bären); der neugotische Ofen im grossen Schmiedenhof-Saal und der Graf-Ofen im kleinen Zunftzimmer (der Schmieden).

Abgesehen vom aussagekräftigen Fotomaterial zum Küchengässlein 7 (mit Fotografien der Öfen, der Interieurs, der Gesellen mit Bertha Wüthrich und Eduard Schaerers Kindern, Fotos der Grosseltern usw.), das Judith Gessler nach dem Tod ihrer Mutter fand, tauchten zudem auch Zeichnungen von Eduard Schaerers Schwester Amalie und ein weiss glasiertes Musterplättchen mit grauer Aufglasurmalerei (Putten) von 1869 auf. In Zug konnte ein Zunftwappen von 1848 von Eduard Schaerer senior sichergestellt werden.

Es bleibt noch festzuhalten: Im täglichen Berufsleben rund um die Hafnerarbeit kann man noch immer dem Ofensetzer Eduard Schaerer begegnen, sei es im Gespräch mit alten Berufskollegen, die sich aus ihrer Jugendzeit noch an ihn erinnern (wie die Hafner Hans Seckinger, Martin Hasse), sei es über den Ab- oder Neuaufbau alter Öfen mit den entsprechenden Signaturen und den Notizen Eduard Schaerers an der Innenseite bestimmter Ofenkacheln (z.B. die zwei Joseph Keiser-Öfen im St. Alban-Tal, ein Walzen- und ein Rundofen in der St. Alban-Vorstadt 30/32 und 15) oder in einem beigelegten Schriftstück (z.B. Lange Gasse 21 und St. Alban-Vorstadt 69).

Einen besonderen Glücksfall stellen noch erhaltene Kachelöfen dar, auch wenn sie nach Joseph Keisers Geschäftsbüchern und aufgrund der vorliegenden Eintragungen zeitlich nicht mehr eindeutig zuzuordnen sind (z.B. die Keiser-Öfen in der St. Johanns-Vorstadt oder im St. Alban-Tal, ein Bodmer-Rundofen, ursprünglich von Eduard Schaerer um die Jahrhundertwende gesetzt, dann vom Hafner Hans Thommen 1943 an der Langen Gasse 21 aufgesetzt; ein Kachelofen von Eduard Schaerers Hafner Dominik Thüring 1901 umgesetzt, dann wieder vom Verfasser 1997 im Wildensteinerhof aufgesetzt).

Was Eduard Schaerer voraussah, traf ein: Die Kachelöfen wurden mehr und mehr von den Zentralheizungen verdrängt; und traditionelle Handwerksberufe – wie zum Beispiel der Hafner, Küfer oder Sattler – verschwinden nach und nach. Heute gibt es leider nur noch ganz wenige dieser gelernten Handwerker in der Schweiz.

Eduard Schaerer widmete sich während seiner ganzen Schaffenszeit dem eigenen Geschäft und seinem Beruf als Ofensetzer:
– Er entwarf eigene Öfen und Cheminées oder arbeitete zusammen mit Architekten, Malern und anderen Handwerkern.[55]
– Er war wissenschaftlich tätig: Für Museen und die Denkmalpflege skizzierte und erfasste er alte Öfen, Armaturen und Kacheln.[56]
– Schliesslich war er ein Gründungsmitglied des Schweizerischen Hafnermeisterverbandes. Als Präsident stand er der Sektion Basel vor, und zwar bis wenige Wochen vor seinem Tode.[57]

Dieser kurze Überblick über Eduard Schaerers vielseitigen Tätigkeitsbereich als Ofensetzer zeigt deutlich, dass sein Betrieb sich auf das Auf- und Umsetzen von Öfen

Der Hafnermeisterverband Basel bei seiner Gründungsversammlung 1889, Eduard Schaerer hintere Reihe, Mitte

konzentrierte. Daher kann sein Geschäft entsprechend der getroffenen Einteilung der 2. Gruppe von Basler Hafnereien im ausgehenden 19. Jahrhundert, zugeordnet werden (Kap. 1.4).

– Es war vor allem die Stadt, die ihm zahlreiche Aufträge gab; so setzte er in Museen und öffentlichen Bauten wertvolle Öfen auf oder restaurierte sie.
– Obwohl er selber keine persönlichen Beziehungen zum Grossbürgertum hatte, bekam er wiederholt von den «Dalbene Lüüt»[58] (aus der St. Alban-Vorstadt) grössere Aufträge: Dabei musste seine Firma meistens Kachelöfen umsetzen oder neu anfertigen. Sicherlich konnte Eduard Schaerer von Rudolf Denzlers Beziehungen profitieren; Rudolf Denzler war ja in einer traditionsreichen Verwandtschaftskette[59] gestanden und hatte über das Geschäft Verbindungen zum «Basler Daigg» unterhalten. Dass Eduard Schaerer senior schon eine Hafnerei geführt hatte, erleichterte seinem Sohn den Einstieg in das väterliche Geschäft. Vor allem die Arbeiten an alten und wertvollen Öfen waren nicht so konjunkturabhängig. Ausserdem stand Eduard Schaerer – wie schon erwähnt – in regem Kontakt mit verschiedenen Architekten; diese Verbindungen halfen ihm, sich regelmässige Aufträge zu sichern.
– Die einfachen Bürger kamen hauptsächlich wegen Reparaturen und Installationen von kleinen Rahmenöfen zu Eduard Schaerer. Dank seinen gutausgebildeten Hafnern[60] – er hatte sechs bis acht Angestellte
– konnte Eduard Schaerer auch grössere Aufträge annehmen, die er innerhalb weniger Tage ausführte und dadurch seine Kundschaft zufriedenstellte.

Neben den Neuanfertigungen war und ist auch heute das Umsetzen von Öfen eine wesentliche Arbeit der Ofensetzer.

Durch den ständigen Gebrauch geschwächt und ausgebrannt bedarf das Innenleben eines Ofens nach rund 40 Jahren jeweils einer gründlichen Erneuerung. Das Ersetzen der feuerfesten Steine erfolgt dann meist Hand in Hand mit dem Neu-Zusammenfügen der Ofenkacheln.

Kachelöfen wurden auch nach 1900 noch kaum genügend abgefüttert, allerdings waren die alten Kachelhälse um einiges tiefer als heute. Das Springen der rückseitig ungeschützten Ofenkacheln (die im Kachelhals in Lehm eingesetzten Kieselsteine dehnten sich durch die Erwärmung im Ofeninnern übermässig aus) und die zu rasche Auskühlung des Kachelmantels waren die direkte Folge davon. Die Langlebigkeit des Ofens und seine anhaltende Speicherfähigkeit waren dann nicht mehr gewährleistet, der Hafner musste darum entsprechend oft aufwendige Reparaturen vornehmen oder gar den Ofen ganz ersetzen.

Nach beendeter Arbeit hinterliess der Hafner häufig im Ofen eine Notiz. Darin waren meist Baujahr und Name des Arbeiters/des ausführenden Betriebs enthalten.[61]

Gerade beim Umsetzen und Erstellen von neuen und historisch bedeutsamen Öfen kam der Leistung eines Setzers eine entscheidende Bedeutung zu. Um sich im Ofensetzen die entsprechenden handwerklichen Fertigkeiten anzueignen, besuchten einzelne Hafner eine Setzerschule in Deutschland. Zwar lieferten die Kachelfabriken teilweise schon vorgeschliffene (nach dem Schrühbrand, d.h. dem 1. Brand) oder vorgeschnittene Kachelware; aber das Hauen mit dem Messer, das Fertigschleifen auf dem Stein und das Zusammenfügen der einzelnen Kacheln bis hin zum Aufsetzen des ganzen Kachelofens – das alles geschah ausschliesslich von Hand. War der Setzer geschickt, so schaffte er an einem Tag zwischen zwölf und vierzehn Kacheln.

Den Kalkulationsgrundlagen des VHP[62] (1994) entnehmen wir, dass ein ausgelernter Hafner heute vergleichbar viele Kacheln setzen sollte – aber mit allerlei technischen Hilfsmitteln, wie zum Beispiel mittels einer Nassfräse und einer Kachelschleifmaschine.

Der Kachelscherben (Rohmaterial der Ofenkacheln ohne Glasur) ist heutzutage erheblich härter zu bearbeiten als früher. Der Versatz der Rohmaterialien ist nicht mehr derselbe. Bis Ende des 19. Jahrhunderts gebrauchte man für Ofenkacheln den gleichen Ton wie für Irdenware: Formton ohne Beimischung von Schamotte.[63] – Die Hafner von früher verfügten über ein umfassenderes handwerkliches Geschick als viele Hafner von heute.

Einen lückenlosen Gesamtüberblick über Eduard Schaerers Arbeiten zu geben ist unmöglich und kann nicht der Sinn dieser Arbeit sein. Zum einen sind die Angaben über Öfen, die Joseph Keiser an Eduard Schaerer lieferte, unvollständig[64]; zum andern hinterliess Eduard Schaerer kaum Unterlagen über sein Geschäft.[65]

Joseph Keiser führte Eduard Schaerer erstmals 1887 als Kunden in den Büchern seiner Firma. Er lieferte ihm die Kachelware für den Socin-Ofen (1887). Nun bezog Schaerer in kurzen Abständen das Material für den Aufbau des Ofens für Oberst Alioth in der Rittergasse (1888), für die Ergänzung des Winterthurer Ofens in der Schmiedenzunft (1889) und die Kacheln für den mächtigen Ofen im Schmiedenzunft-Saal (1890). Auch in den folgenden Jahren baute Schaerer regelmässig Öfen des Zuger Hafnermeisters in Basel auf, Hauptstück war 1895 der prunkvolle Ofen mit Wandverkleidung in der Zunft zu Hausgenossen (Bärenzunft).

Schaerer, und das ist für seinen Werdegang bis weit ins 20. Jahrhundert von Bedeutung, wurde durch die Architekten-Gemeinschaft Vischer & Fueter bei Keiser ins Spiel gebracht. Das Setzen des Bärenzunft-Ofens, der Architekt Leonard Friedrich hatte den Entwurf dazu geliefert, war wohl die logische Folge des gelungenen Einstiegs Schaerers als Ofensetzer in Basel. Ab Jahrhundertwende gelangte Schaerer u.a. über die Architekten La Roche & Staehelin immer wieder zu schönen Aufträgen mit Joseph Keisers Kachelware.

Wir können davon ausgehen, dass Eduard Schaerer ab 1905 als einziger Hafner in Basel regelmässiger Kunde von Joseph Keiser war.[66] Da schon Rudolf Denzler einen guten Kontakt mit der Firma Bodmer gepflegt hatte, war es für Eduard Schaerers Vater und für ihn selber naheliegend, ebendiese Firma (so lange sie noch Öfen herstellte) als Lieferantin zu berücksichtigen.

Andere Kachelfabrikanten kamen nur selten in Frage, denn sie konnten Eduard Schaerers Ansprüchen, die er an die Ästhetik und Qualität eines Ofens stellte, nicht genügen; eine Ausnahme machte Joseph Hugelin in Strassburg, der schon Eduard Schaerer senior mit Kachelware beliefert hatte.[67] Später wissen wir – wiederum aus Eduard Schaerers Korrespondenz mit Joseph Keiser – von Bestellungen über die Kachelfabrik Kohler in Mett bei Biel.

Aus der vorerst geschäftlichen Beziehung erwuchs eine gute Freundschaft. Joseph Keiser und Eduard Schaerer waren beide ungefähr gleich alt, hatten einen ähnlichen Werdegang und verloren früh ihre Väter. Mit ihrem ganzen Herzen widmeten sie sich den Stilöfen von hoher Qualität, forschten nach den Spuren ihrer Berufsvorfahren und waren bemüht, ihre Öfen sachgerecht und stilgetreu aufzubauen. Skizzen und Abbildungen von Strassburger oder Winterthurer Öfen, aber auch aus Basler Werkstätten, die Eduard Schaerer seinem Freund immer wieder nach Zug geschickt hatte und dieser auch als Vorlagen für eigene Neuschöpfungen verwenden konnte, bezeugen dies.[68]

Im Laufe der Jahre kamen sie sich menschlich näher; ihre Familien standen in einem zunehmend engen Verhältnis zueinander. Ihr reger Gedankenaustausch spornte beide an – im Alter waren es mehr menschliche als fachliche Probleme – und so konnten sie immer wieder voneinander lernen. Auch nach Joseph Keisers Tod 1924 brach der Kontakt «von Haus zu Haus» nicht ab.

Anhang

52 wre 42.
53 A.K. 8.1 Musterkatalog.
54 A.K. 7.3.
55 Zum Beispiel mit den Architekten La Roche & Staehelin, Vischer & Fueter; mit den beiden Basler Dekorationsmalern Schweizer-Wildermuth; und vor allem mit dem Kachelfabrikanten Joseph Keiser.
56 Eduard Schaerers Skizzenbuch, StA BS.
57 Ehrentafel im «Ofenbau» Nr. 4, VIII. Jahrgang, 15.4.1924.
58 Die St. Alban-Vorstadt ist ein intakter Strassenzug in der Basler Altstadt mit vielen guterhaltenen, alten Öfen.
59 Dazu gehören David, Euler und Sartorius. Staatsarchiv Basel: Einträge zur Liegenschaft Küchengässlein 7.
60 Nach Elisabeth Gesslers Aussage trugen «die lustigen Gesellen» die Namen: Winter, Sommer, Kalt und Heizmann.
61 (vgl. Ofen Oeri, 1869/1905).
62 VHP: Verband Schweizerischer Hafner- und Plattenlegergeschäfte.
63 Schamotte: zerstossener, fein und grobgemahlener, gebrannter Ton.
64 Vgl. die Geschäfts- und Rechnungsbücher. Archiv Joseph Keiser, Museum Burg, Zug, AK. 12 und 13.
65 Nach Judith Gesslers Aussage.
66 Vgl.: Archiv Joseph Keiser (siehe Anm. 64).
67 Vgl. Familie S. Merian-Bischoff, Gellertstrasse 9, 18. Juni 1874. Korrespondenz zwischen Hugelin und Eduard Schaerer senior, Staatsarchiv Basel (zum Rathaus, Basel).
68 Skizzen und Abbildungen von Strassburger oder Winterthurer Öfen, aber auch aus Basler Werkstätten, die Schaerer seinem Freund immer wieder nach Zug geschickt hatte und dieser auch als Vorlagen für eigene Neuschöpfungen verwerten konnte, bezeugen dies. A.K. 8.3 (Arbeiten von anderen Hafnern).

4. Die Öfen

Einleitung:

Wenn wir uns die Öfen im Elternhaus Eduard Schaerers im Küchengässlein vergegenwärtigen, erhalten wir schnell einen ersten aussagekräftigen Eindruck über den Alltag seiner Ofensetzerei um die Jahrhundertwende: Zwei weiss glasierte «Pfeifenöfen» mit durchbrochenem Fries, ein Rundofen mit dunklen Reliefkacheln, zwei einfache Rechtecköfen, wie sie typisch sind für jene Zeit, ein weiss glasierter Kastenofen mit vorspringenden Ecken und beheizter Kachelwand und schliesslich ein Neo-Renaissance-Ofen mit stark ausgebildeten plastischen Teilen, zierten als Wärmespender die Zimmer der Liegenschaft beim Bundesbahnhof.

Vermutlich stammen die drei Rundöfen aus Zürich (Bodmer & Biber). Rechtecköfen wurden vornehmlich aus dem süddeutschen Raum bezogen. Über den Fabrikanten des weiss glasierten Kastenofens im streng klassizistischen Stil wissen wir nichts. Neben der klaren Formgebung besticht der feine Schmelz auf der Kachelware.

Der Neu-Renaissance-Ofen mit den grossformatigen Relief-Kacheln und Säulen lässt die Verbindung Eduard Schaerers zur Hafnerei Hugelin in Strassburg erahnen.

Gliederung:

Im folgenden Teil dieser Arbeit werden verschiedene Ofenmodelle in Text und Bild vorgestellt; auf diese Weise soll die Leserschaft eine anschauliche und möglichst umfassende Sicht bekommen über Eduard Schaerers Schaffenskraft und auch über seine Hafnerei.

Entsprechend ihren Merkmalen wurden die Öfen in folgende fünf Gruppen eingeteilt:

A. Einfache Öfen und Öfen nach eigenen Entwürfen.
   Es handelt sich vorwiegend um einfache, weiss glasierte, rechteckige Kasten- und runde Turmöfen.
   (Zu den Rundöfen lieferten Bodmer & Biber und Joseph Keiser die Kachelware).
B. Bodmer-Öfen.
C. Alte Öfen und Öfen für Museen.
D. Keiser-Öfen.
   (Diese Öfen liess Eduard Schaerer zum Teil nach eigenen Vorstellungen oder aber nach Kundenwünschen bemalen).
E. Besondere Öfen.

Pfeifenofen Küchengässlein 7, Basel

Neu-Renaissance-Ofen Küchengässlein 7, Basel

Rechteckofen, Küchengässlein 7, Basel

A. Einfache Öfen und Öfen nach eigenen Entwürfen

Eduard Schaerer war beim Tod seines Vaters 1877 neunzehnjährig und schon bald bei Hafnermeister Jakob Wespi als Lehrling angestellt. Zwar hatte er sich schon oft als Kind im väterlichen Betrieb aufgehalten und in der Werkstätte beim Bundesbahnhof das (Ofensetzer-)Handwerk von Grund auf kennen gelernt. Dass er dann unmittelbar nach seiner Rückkehr aus dem aargauischen Brugg eigene Öfen entworfen hätte, scheint unwahrscheinlich.

Vielmehr nahm seine Mutter Judith Schaerer die Zügel, d.h. die Geschicke des Geschäfts, fest in die Hand und gab sie dem Nachruf Eduard Schaerers zufolge bis zu ihrem Tod 1926 nie mehr ganz ab.

Eduard Schaerer muss bei den früheren Bestellungen vor allem auf die Unterlagen seines Vaters zurückgegriffen oder sich den damals in Mode stehenden Ofenformen (einfache Kastenöfen, einfarbig glasiert) angepasst haben. Er konnte sich dabei auf einen umfangreichen Stock an Ofenvorlagen und -plänen abstützen, der mindestens teilweise heute im Archiv Keiser erhalten ist. Entsprechendes gilt auch für Joseph Keiser und Eduard Schaerer senior selbst, die sich ebenso am Formenschatz der Firma Bodmer & Biber u.a. orientiert hatten. Im Bezug auf ihre Herkunft besteht denn auch ein klarer Zusammenhang zwischen den Rundöfen in diesem und im nachfolgenden Kapitel.

Erst durch den Kontakt mit Joseph Keiser (vgl. Datum der Bestellungen) und die eigenen Studien und Erfahrungen im Berufsalltag (vgl. Daten im Skizzenbuch) ermutigt, begann er eigene Öfen zu entwerfen. Wie hiess es doch auf einem seiner Inserate: «Von den einfachen bis zu den kompliziertesten Fayence-Öfen», welche er wiederum bei Bodmer & Biber, bei Hugelin oder Joseph Keiser, später vereinzelt auch bei Kohler, anfertigen liess.

Ein gewisses zeichnerisches Talent lag in der Familie (Vater Schaerer, Eduard Schaerer und seine Schwester Amalie). Obwohl Schaerer sich daneben auch die handwerklichen Fertigkeiten zum Herstellen von Ofenkacheln in Brugg angeeignet und Joseph Keiser in all den Jahren fachliche Ratschläge gegeben hatte, liess er sich nie dazu verleiten, Kacheln selber anzufertigen.

Dass er beim Zeichnen eigener Öfen schöpferisch tätig gewesen war, lässt sich am ehesten an seinen Projekten nach 1910 aufzeigen. Diese glichen bezeichnenderweise in ihrem Stil den Typen, die die Firma Joseph Keiser gleichzeitig auf den Markt brachte.

Immer aber drang in Eduard Schaerers Arbeiten die Sorgfalt in der Wahl des Materials und die saubere und liebevolle Verarbeitung durch.

Abbildung Ofen 14a aus E. Schaerers Skizzenbuch

Weiss glasierter Kastenofen

Vom Gang aus beheizt, mit rauchgasgeführter Wandverkleidung, Kacheln in weissem Zinnschmelz; vor 1900; Werkstatt unbekannt.

Ursprünglicher Standort: Küchengässlein 7, Basel (Eduard Schaerer). Jetziger Standort: unbekannt.

Masse:
Kachelofen: Höhe: 2,20 m, Breite: 0,68 m, Tiefe: 0,68 m; Heizwand: Höhe: 2,20 m, Breite: 0,68 m, Tiefe: 0,11 m.

Weisser Kastenofen, Küchengässlein 7, im Haus Eduard Schaerers, Basel

Über der Grundplatte und den Sockelquadern aus Sandstein erhebt sich der schlanke, sechs Kachelschichten hohe Ofenkörper. Im Sockelteil fällt der Stichbogenausschnitt auf. Ein Rundstab trennt die oberste Kachelreihe von der Friespartie, die von einem Kranzgesims begrenzt wird. Die Kalunen (Eckkacheln), die gegenüber den Füllkacheln leicht hervorstehen, betonen die Kanten.

An den Kachelofen schliesst sich die Rückwand an, die wohl von einem Herd aus beheizt wurde. Beide Teile, der Kachelofen und die Heizwand, verfügen über ein Wärmefach: es befindet sich jeweils in der dritten Kachelschicht und ist ein von: Rauchgasen bestrichenes Behältnis; eine kleine Messingtür kennzeichnet es. Auch die Heizwand, die in ihrem äusseren Aufbau dem Kachelofen gleicht, fassen Kalunenecken ein.

Dieser Ofentyp war zwischen 1850 und 1900 in vielen Schweizer Städten weit verbreitet; er stand vornehmlich in Bürgerhäusern. Sein schlichter, klar gegliederter Aufbau und die feine, weisse Schmelzglasur sind charakteristisch für den Biedermeier.

Eduard Schaerer hatte diesen Ofen ursprünglich in seinem Haus am Küchengässlein aufgesetzt. Nachdem er an die Amselstrasse umgezogen war, übernahmen die Besitzer des Hotels «Euler» die Liegenschaft. Das Vorderhaus, Eduard Schaerers einstiges Wohnhaus, steht noch. In ihm sind heute Personalwohnungen eingerichtet. Die ehemalige Werkstatt hingegen musste schon früh einer Autogarage weichen. Wo dieser Ofen hingekommen ist wussten Eduard Schaerers Nachkommen nicht.

Weiss glasierter Rundofen

Hinterlader, mit Blaumalerei, Kachelware von Bodmer und Biber oder nach Vorbildern von Joseph Keiser angefertigt; Ofen um 1875/1920 gebaut, wohl identisch mit dem Ofen für Frau Streichenberg-Hess.

Ursprünglicher Standort: evtl. Engelgasse 119, jetziger Standort Rittergasse 22a, Basel.

Masse:
Höhe: 2,85 m; ⌀ Sockel 0,85 m;
⌀ Aufbau: 0,68 m.

Ofen Rittergasse 22a, Basel

Über der weiss gestrichenen Sandsteinplatte erhebt sich der aus Simsen, Stäben und glatten Rundkacheln bestehende Sockel. Der Hersteller hatte ihn mit aufgemaltem Blattwerk, Rocaillenmustern und Ornamenten verziert. Das untere und obere Fries setzte Eduard Schaerer mit Bändern, die als Rundstäbe ausgeformt sind, gegen die Simse und die grossformatigen Füllkacheln ab. Diese gliederte er, indem er vertikal verlaufende Lisenen einsetzte, die schlank, nur schwach bemalt und in der unteren und oberen Friesschicht als Voluten ausgebildet sind. Eine mehrteilige, bauchig geformte Kuppel mit geschmücktem Knauf beschliesst den walzenförmigen Ofen.

Bis heute unklar geblieben ist die Antwort nach dem Hersteller dieses Kachelofens. Stil und Art der Bemalung weisen eigentlich auf die Hafnerei Bodmer & Biber hin, um 1875. Andererseits wissen wir auch von Joseph Keiser, dass er zeitweise Öfen dieser Art «nachgebaut» hat.[69] Zudem existieren drei Entwürfe Eduard Schaerers mit unterschiedlichen Dekorationsvarianten exakt dieses Ofentyps für die Basler Familie Streichenberg-Hess.[70] Gemäss Auskunft der Nachkommen, hatte ein Mitglied der Familie an obiger Adresse (Rittergasse 22a) gewohnt. Das Haus an der Engelgasse steht schon lange nicht mehr. Allerdings findet sich nirgends am Ofen eine Signatur, wie dies sonst üblich für Joseph Keiser ist.

In der Ausgestaltung des Walzenofens hielt sich der Erbauer stark an die Motive der Rokoko-Maler; die Formensprache ist aber unverkennbar die der Biedermeier-Rundöfen.

Im Gegensatz zu seiner ursprünglichen Skizzenvorlage setzte Eduard Schaerer diesen Ofen als Hinterlader auf, das heisst: mit dem Feuerloch im Gang und einem Ansatzstück als Verbindung zum Ofenkörper.

Anhang
69 Archiv Joseph Keiser, Museum Burg, 7.1., Zug.
70 Archiv Joseph Keiser, Museum Burg, 7.1.1.10–12, Zug.

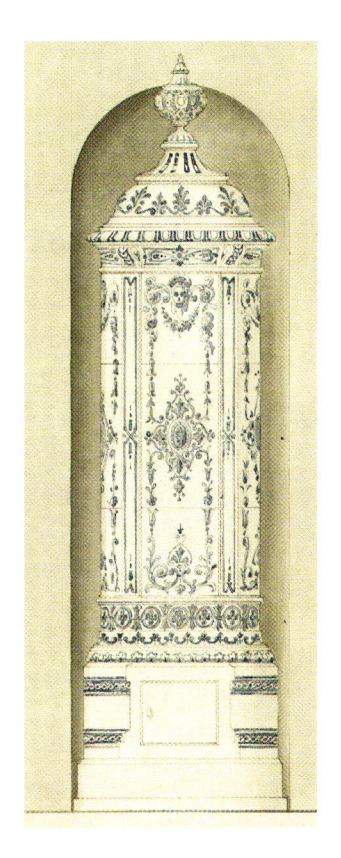

Entwurf eines Walzenofens von Eduard Schaerer senior

Weiss glasierter Walzenofen
Vorderlader, mit blauer Malerei, nach einem Entwurf Eduard Schaerers von Joseph Keiser gefertigt; 1917.
Standort: Aeschenvorstadt 13, Basel.
Masse:
Höhe: 2,85 m; ⌀ Sockel: 0,85 m;
⌀ Turm: 0,68 m.

Plan Eduard Schaerers zum Walzenofen für M. Ehinger, Aeschenvorstadt 13, Basel

Dieser Walzenofen ähnelt dem vorigen Kachelofen: Auch er verfügt über einen runden Grundriss und exakt die gleichen Masse, aber über einen verschiedenartigen Aufbau. Der Ofen wird vom Wohnzimmer aus beheizt. Joseph Keiser rüstete ihn auf der linken und rechten Seite mit einem Warmluftgitter aus; zudem dient ein Hals als Rauchgas führender Übergang vom Ofen zum Kamin, der verdeckt in der Wand dahinter steht. So strahlt der Ofen einerseits Wärme über die Kacheln ab; andererseits entweicht Luft aus dem Ofeninnern durch die beiden Warmluftgitter rasch ins Wohnzimmer.

Die drei Kachelschichten über dem Sockel werden horizontal von Stäben und glatten Simsbändern klar voneinander getrennt; auf der Seite werden sie jeweils von weiss glasierten, fein ausgebildeten Lisenenkacheln eingefasst und gegen oben von einem leicht profilierten Gesims begrenzt.

Den Ofendeckel, eine sich mehrfach verjüngende Kuppel, überragt eine Vase.

Bei diesem Ofen beschränkte Joseph Keiser die Blaumalerei auf die Füllkacheln, Gesimse und Teile des Deckels; als Motive benutzte er wiederum Blumengirlanden und Ornamente. In der mittleren Füllkachelschicht finden wir von Maskarons eingerahmte Stadtansichten. Diese Malereien haben nichts mehr mit der verspielten Darstellungsweise des Rokoko gemein.

Eduard Schaerer datierte seinen Entwurf mit dem dritten März 1917; als Auftraggeber nannte er Herrn Matthias Ehinger, der in der Aeschenvorstadt 13 in Basel wohnte.

Eine auffallende Ähnlichkeit mit den zwei (s. oben) beschriebenen Rundöfen weist ein Ofen auf, der bis vor zehn Jahren am Aeschengraben stand, und zwar dort, wo heute die «Botta-Villa» ihren Platz hat. Auf Geheiss des Tessiner Architekten wurde der Ofen abgebrochen; seitdem ruht er, bedeutungslos geworden, sorgsam verpackt in Kisten.

Es ist fraglich, ob Joseph Keiser die Kachelware für diesen Ofen hergestellt hat; denn Lüftungskacheln, wie sie am Ofen verwendet wurden, fertigte zuerst die Tonwarenfabrik Bodmer & Biber in Riesbach an. Zweifel sind auch unter dem Aspekt berechtigt, dass Keiser später selbst Kachelware mit Ziergittern schuf. Auf wenigen, noch heute erhaltenen Planzeichnungen dieser Fabrik, sind mehrere ähnliche Ofenmodelle abgebildet.[71] Zudem stehen vergleichbare Exemplare in weissem Schmelz in verschiedenen Häusern der Basler Altstadt.

Welcher Hafner diesen Ofen damals aufbaute, dazu lassen sich keine Hinweise finden. Man kann aber davon ausgehen, dass dieser Rundofen ursprünglich nicht dort am Aeschengraben aufgesetzt wurde: Der Architekt Fritz Stehlin liess die Villa ja erst 1913 bauen, der Ofenkörper jedoch ist um einiges älter.

Ein vierter Ofen dieser Art stand ehemals in einem Haus an der Malzgasse. Er stammt aus den späteren Sechzigerjahren (wahrscheinlich 1868 oder 69). Karl Jauslin[72] war für die Malereien verantwortlich gewesen. Ob er dies für J.J. Linder oder für Eduard Schaerer senior getan hatte, lässt sich heute nicht mehr klären. Seine Initialen sind zwar klein, aber gut lesbar auf einer bemalten Füllkachel zu erkennen. Die Themen (Genre-Szenen und Putten) erinnern an ein Musterplättchen Eduard Schaerers senior, welches in seinem Auftrag für Glasurproben angefertigt wurde, oder an eine grosse signierte Füllkachel in der Studiensammlung des Historischen Museums (Basel), zu welcher der Ofen leider nicht mehr erhalten ist. Ohne Zweifel war auch hier die Firma Bodmer & Biber die Herstellerin der Kachelware. Laut Plan stand der Ofen in einer Ecke. Der mehrschichtige und mit bemalten, volutenartig[73] ausgeformten Lisenen[74] geschmückte Sockel bildete den Hals. Der Aufbau stand als Turm frei da.

Auch hier bekrönte eine Vase mit bemalter Kuppel den Ofen.

Ein letzter, vergleichbarer Ofen blieb bis zum Abbruch der Liegenschaft St. Alban-Anlage 31 erhalten.[75] Bodmer & Biber hatten über all die Jahre in Basel zahlreiche Abnehmer und Abnehmerinnen und dies nicht nur für die blau bemalten Öfen in den alten Villen des Grossbürgertums.

Vielmehr sind es die Rundöfen in weissem Schmelz, mit glatten oder kanellierten Kacheln, wie wir sie in den Bürgerhäusern ab 1850 immer wieder antreffen.

Ein kleiner Teil stammt aus einheimischen Werkstätten oder dem nahe gelegenen Elsass (Hagenau, Colmar und Strassburg), den überwiegenden Teil lieferte die Tonwarenfabrik aus Zürich.

Sie müssen über eine stattliche Zahl von Kachelformen verfügt haben. Anders wären der Formenreichtum und die Vielfalt der Zierteile nicht zu erklären, mit diesen die Basler Hafner ihre Rundöfen so beliebig variieren konnten (vgl. Sockelkacheln, Fries- und Simsteile; s. auch Kapitel Bodmer-Öfen).

Anhang
71 Stadtarchiv Zürich.
72 Karl Jauslin, 1842–1904, Dekorationsmaler bei Bernhard Thommen bis 1867, später Kachelmaler bei Johann Jakob Linder und Eduard Schaerer senior.
73 Volute: Schneckenform, häufig an Konsolen, Giebeln und Kapitellen anzutreffen.
74 Lisenen sind vorgesetzte Pilaster. An Rechtecköfen sind die Lisenen im 45°-Winkel vor die Füllkacheln gestellt.
75 Angaben von Daniel Burckhardt, Architekt in Basel.

Der Walzenofen am Aeschengraben 5, Basel

Füllkachel zum Ofen Malzgasse, von Karl Jauslin bemalt

B. Bodmer-Öfen

Ab 1819 nahm Rudolf Bodmer, der vorher in Horgen als Hafner tätig gewesen war, mit 6 Arbeitern die Produktion von Kachelware in Zürich-Riesbach auf. Innert 10 Jahren verdoppelte sich die Zahl der Angestellten. In den Fünfzigerjahren waren bereits 24 Personen am Herstellungsprozess in Zürich-Riesbach beteiligt. Bis in die Achtzigerjahre stieg die Zahl der Beschäftigten kontinuierlich gar auf 60. Diese verteilten sich auf die Bereiche Transport (Zufuhren von Rohstoffen und Brennmaterial), auf das Ausformen der Kachelware, den Unterhalt der Brennöfen sowie das Glasieren, Schleifen und Bemalen der Ofenkacheln. Kachelschleife (nach dem Schrühbrand, aber vor dem Glasieren der Kachelware eingesetzt) und Dampfmaschine stellten seit 1840 eine wesentliche Erleichterung bei der Kachelherstellung dar.[76] Am Beispiel der Tonwarenfabrik Bodmer wird der Übergang von handwerklicher zu halb industrieller Produktion klar ersichtlich.

Dabei gliederte sich das Angebot Bodmers in ungebrannte, einmal gebrannte, in geschliffene oder glasierte Kachelwaren.

Zudem wurden – wenn auch nur zeitweise – Bauverzierungen, Tragöfen, Röhren und Sanitärartikel wie Pissoirs und Abtrittschalen hergestellt.

Als Rohmaterial wurden einheimischer Ton und Sand, unter Beigabe von «Güsel» (geschnittene Getreidehalme) und Haar, verwendet. Heute nehmen die Keramikwerkstätten ausschliesslich ausländische, weisse Tone und Schamotte und fügen etwas Schlämmkreide (zur Minderung der Haarrissbildung in der Glasur) und Bariumkarbonat (gegen Unreinheiten im Ton) hinzu.

Bei Bodmers Kachelfabrik waren blaue und weisse Glasuren vorherrschend.

Für die Herstellung ihrer eckigen Turmsowie glatten, weiss glasierten Rundöfen war die Firma in Zürich Mitte des letzten Jahrhunderts weitum bekannt und nahm auch gesamtschweizerisch eine bedeutende Stellung als Kachelfabrikantin des 19. Jahrhunderts ein.

Bodmer zeigte Beispiele seines Könnens 1855 an der Weltausstellung in Paris und erhielt zwei Jahre später an der 1. Schweizerischen Industrieausstellung in Bern die silberne Auszeichnung. Diese Tradition führte in den Achtziger- und Neunzigerjahren Carl Bodmers Ofenfirma weiter.

Ein Inventar der Keiser-Öfen in Basel war nur wegen der beschränkten Zahl der heute noch existierenden Öfen möglich.

Dies gilt nicht für die Firma Bodmer & Biber: Von der selteneren bemalten Kachelware einmal abgesehen, waren die Liefe-

Neuaufstellung eines Bodmer-Rundofens im Wildensteinerhof, 1997, Basel

auch heute Zylinderöfen dieser Art in manch klassizistischer Liegenschaft aus dem letzten Jahrhundert.

Erste Aufträge nach Basel erfolgten nachweislich schon vor 1840. Die letzten Öfen wurden bis zur Einstellung der Ofenproduktion um 1900 nach Basel gesandt.

Bodmers Rundöfen liessen sich in ihren Einzelteilen problemlos untereinander kombinieren. So finden wir immer wieder prächtig ausgeformte Friese an glatten und kanellierten Öfen. Sie waren meist unglasiert oder mit Ölfarbe nachträglich überpinselt worden (abgestimmt auf das Holzwerk im Zimmer).

Zierstäbe wurden ebenso in die unterschiedlichsten Ofentypen eingebaut. Glatte Sockelkacheln wurden geschlossen oder mit durchbrochenen Lüftungsfeldern in ornamentaler Ausführung (z.B. Vierpass, Blattrosetten) angeboten.

Den Abschluss bildeten weit ausladende Gesimse. Sie wurden manchmal noch betont durch eine plastische Bekrönung.

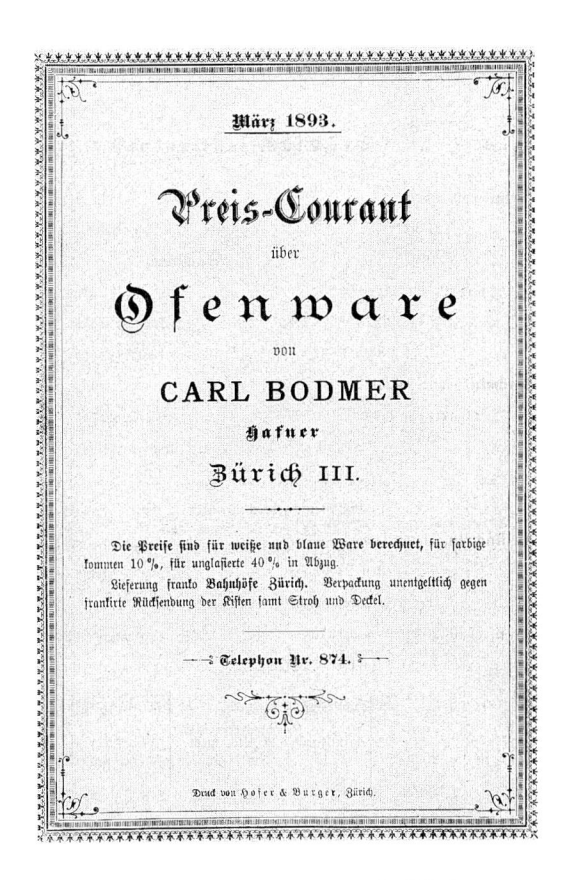

Preisliste von 1893, Kachelwerkstätte Carl Bodmers, Zürich

rungen nach Basel sehr zahlreich. Sie erfolgten meist in die eben fertiggestellten Häuser in den neu geschaffenen Quartieren für den wohlhabenden Teil der Bevölkerung (Am Ring, Gellert).

Zudem waren vielfach die gleichen Leute aus der Altstadt (Augustiner-, Rittergasse, St. Alban- und Aeschenvorstadt usw.). bei der Kachelfabrik in Zürich Kunden wie dreissig Jahre später bei Joseph Keiser.

In den minderen Stadtteilen (St. Johann, Kleinbasel) setzten die Hafner vorwiegend Rechtecköfen deutscher Provenienz auf.

Zur Hauptsache bezogen sich die Bestellungen aus Zürich auf Rundöfen mit kanellierten Kacheln in verschiedenen Grössen und unterschiedlichen Ausführungsdetails. Zahlreiche Häuser wurden inzwischen von Neubauten abgelöst. Trotzdem finden wir

Massskizzen von E. Schaerer für einen Rundofen im Stil der Bodmer-Öfen

Nicht vergessen dürfen wir die Kleinausführungen: Auf einer eisernen Platte aufgebaut, die keramischen Füsse als plastische Teile vor die Rundeisen gesetzt, stellten diese Öfen in runder, eckiger oder ovaler Form die anspruchsvollere Variante der später so stark gefragten Tragöfen dar.

Diese Art wurde von den einheimischen Betrieben relativ schnell übernommen oder war ihnen schon vertraut (vgl. Hafnereien im benachbarten Elsass, Basel mit der Hafnerei des W. Böcklin-Müller) und wurde in weissem Schmelz, elfenbeinfarbiger Craquelé-, grüner oder brauner Glasur hergestellt.

Nur für bestimmte Öfen in diesem Kapitel lässt sich Eduard Schaerer als Ofensetzer nachweisen; jedoch belegen seine Massskizzen und die dazugehörigen Anmerkungen, dass er immer wieder Öfen aus Bodmers Werkstatt aufgesetzt hat[77], so zum Beispiel die beiden im folgenden beschriebenen Modelle: einen Kastenofen, der noch heute in der St. Alban-Vorstadt 69 steht, und einen Zylinderofen, der im Depot der Basler Denkmalpflege ruht.

Über die Hafnerarbeiten in der Augustinergasse und am Claragraben gibt es keine näheren Angaben mehr. Sie geben jedoch Aufschluss über das Schaffen der Tonwarenfabrik in Zürich.

Anhang

76 Die erste Dampfmaschine überhaupt, die von Escher-Wyss geliefert wurde; s. Aufsatz über die Geschichte der Fabrik Bodmer & Biber im Mbl. KFdS 101, S. 10–13, von Ernst Bodmer-Huber «Die Ofen- und Tonwarenfabrik in Riesbach», Zürich-Wiedikon.

77 Archiv Joseph Keiser 4.1.2–23 und 24.

Weisser Zylinderofen
Walzenofen in weisser Schmelzglasur, mit glatter Kachelware und unglasierten Zierteilen «en relief»; aufgesetzt um 1880.
Standort: Claragraben 37, Basel.

Masse:
Höhe: 2,60 m; ⌀ Sockel: 0,85 m;
⌀ Aufbau: 0,68 m.

Bodmer-Ofen, Claragraben 37, Basel

Dieser Walzenofen mit glattem Kachelmaterial steht im Kleinbasel, und zwar, soweit bekannt ist, als einer der einzigen noch dort erhaltenen Bodmer-Rundöfen; vergleichbare Öfen finden wir sonst nur im Grossbasler Altstadtkern.

Über einer runden Sandsteinplatte sind die hochformatigen Sockelkacheln aufgesetzt. Darauf ruht das Basisgesims mit Akanthusblättern, vorspringenden Vierecken und senkrechten Stäben. Ein mit Blumengirlanden geschmücktes Fries sowie eine aus zwei Rundstäben bestehende und mit Blattrosetten besetzte Leiste trennen den fünf Schichten hohen Aufbau gegen unten ab.

Links und rechts über der Heiztür (in der zweiten Kachelschicht) sind zwei Warmluftaustritte angebracht; durch diese Öffnungen strömt die an der Ofenrückseite eingeführte und im Ofeninnern erwärmte Luft zurück in den Wohnraum. Das sandfarbige Fries mit Trauben- und Reblaubverzierungen fassen zwei Rundstäbe ein. Plastisch vorstehende Quadrate und Halbkugeln sowie ionische Kymatien[78] schmücken das mächtige Gesims aus. Verschieden hohe palmettenförmige Akroterien (Randverzierungen am Giebel) bilden die Bekrönung.

Zum einen besticht dieser Zylinderofen durch seinen klar gegliederten Aufbau und seine leichte, zierliche Form; zum anderen fällt das geschmackvoll ausgewählte Material auf: der weisse Zinnschmelz der glatten Kachelware, der hellbraun-farbene Scherben der unglasierten Zierteile «en relief», deren Motive auf der Sichtseite goldfarbig überpinselt sind sowie die in Messing gearbeiteten Armaturen.

Anhang
78 Das Kyma (griech.: die Welle)

Weisser Zylinderofen

Weiss glasierter Zylinderofen mit Zierteilen «en relief»; gebaut in der zweiten Hälfte des 19. Jahrhunderts.

Standort: Augustinergasse 19, Basel.
Masse:
Höhe (mit Vase): 2,70 m~; Sockel: 1,00 m~; Turm: 0,35 m.

Zylinderofen, Augustinergasse 19, Basel

Dieser Zylinderofen wirkt nicht so elegant wie der eben beschriebene; stammt aber aus der gleichen Tonwarenfabrik. Er ist der einzige Zylinderofen im «Augustinerhof», der bis heute in seiner ursprünglichen Aufstellung erhalten geblieben ist.

Einst wurden in diesem Haus vornehmlich kunstvoll bemalte Öfen als Heizquellen verwendet. Anfang des 18. Jahrhunderts liess man aber auch Cheminées einbauen; man folgte dabei einer französischen Modeströmung.

Allerdings wollten die Hausbewohner nie ganz auf die behagliche Ofenwärme verzichten. Darum wurden später, das heisst in der zweiten Hälfte des 19. Jahrhunderts, im Erdgeschoss und im ersten Stock wieder Kachelöfen aufgesetzt.[79]

Der wuchtige Rundofen steht – eingefügt in eine eigens dafür geschaffene Nische – im Lesesaal des Volkskundlichen Instituts. Über der Sandsteingrundplatte und dem ausladenden Sockelgesims setzten die Hafner die Sockelkacheln, die von Rosetten und durchbrochenem Vierpass geschmückt sind. Auf dem rohen Gesims mit Herzblattverzierungen des Wasserlaubs und auf Stäben, die senkrecht dazwischen eingefügt sind, sitzt ein lanzettbogenartiges Fries. Unten und oben wird es von ausgestochenen und zum Teil unglasierten Vierecken eingefasst und führt in den walzenförmigen Aufbau über.

In der untersten der vier Kachelschichten sind auf der Seite runde Lüftungsgitter mit einem Sternenmuster angebracht. Ein Band von einem doppelten Rundstab – gleich ausgeschmückt wie dasjenige unten beim Fries – leitet über zu einem unglasierten Akanthusblattfries. Darauf ruht ein wohlgeformter Sims mit rechteckigen Vertiefungen und einem Kyma. Palmetten in rotem Ton fassen das Sims ein. Hier ragt in der Mitte auf einem profilierten Fuss eine bauchige Schale mit zwei kunstvoll ausgebildeten Henkelgriffen.

Ein sehr ähnlicher Ofen stand früher in der St. Alban-Vorstadt 42. Seine Kacheln waren in der gleichen Abfolge aufgesetzt wie bei dem eben beschriebenen Ofen an der Augustinergasse, ihre Schichten reichten jedoch höher hinauf. Ein Abschluss (Schüssel mit Henkeln) fehlte.

Seit dem Umbau der Liegenschaft ist der Ofen im Depot der Basler Denkmalpflege eingelagert.

Der Ofensetzer Eduard Schaerer (1858–1934)

Anhang:
79 Hans Reinhardt: Schweizer Volkskunde, 27. Jahrgang 1937. S. 4 ff. Der Kachelofen, der einst im ersten Stock stand, ist leider nicht mehr erhalten

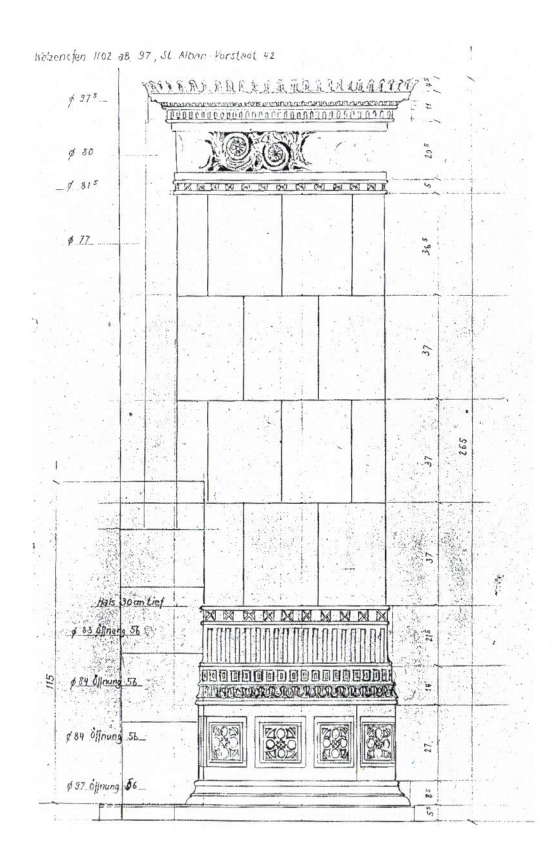

Ofen aus der St. Alban Vorstadt 42, Basel, heute zerlegt (bei der Basler Denkmalpflege)

Klassizistischer Ofen von Bodmer & Biber, Petersplatz 12

Der Ofensetzer Eduard Schaerer (1858–1934)

Weissglasierter Kastenofen von Bodmer & Biber, 1869 für den Tuchhändler W. Iselin gefertigt, St. Alban Vorstadt 69

Weisser Kastenofen
Kastenofen in weisser Schmelzglasur mit Blaumalerei; um 1869 erbaut.
Standort: St. Alban-Vorstadt 69, Basel.

Masse:
Höhe: 2,13 m, Breite: 0,67 m, Tiefe: 1,20 m.

Der auf drei Seiten freistehende Ofen ruht auf sechs weiss gemalten Füssen aus Sandstein. Auf den Sockelquadern sitzt ein stark profiliertes Gesims, an das sich ein Rundstab anschliesst.

Die Friesschicht wird von einem für diese Zeit typischen Feuergeschränk aus Messing unterbrochen und gegen oben von einem weiteren Rundstab begrenzt. Die Darstellungen auf der Friesschicht lassen sich thematisch in zwei Gruppen einteilen: Zum einen erkennen wir Basler Stadttore, zum andern Schlösser und Burgen, die teilweise in der dazugehörigen Seenlandschaft stehen.

Vier Kachelschichten bilden den Hauptteil dieses Ofens.

Über der Heiztür ziert eine rechteckige, bemalte Kachel die Ofenfront; die Malerei zeigt das Dorf Nidau am Bielersee.

Auf der Längsseite, dem Zimmer zugewandt, ist ein Wärmerohr mit einer kleinen passenden Tür angebracht. Auch heute wird der Ofen noch von der Stube her eingeheizt. Rauchgase entweichen durch einen mit Kacheln verkleideten Hals zum Kamin. Über den Kachelschichten ist ein Rundstab eingefasst, der zum Abschlusssims überführt.

Der Tuchhändler Walter Iselin bestellte 1869 diesen Ofen bei der Tonwarenfabrik Bodmer & Biber in Zürich; er bezahlte 480 Franken. 1905 setzte Emil Kalt, ein Hafner aus Eduard Schaerers Betrieb, diesen Ofen in der «Dalbe» neu auf.

Die Vorlagen für die liebevoll ausgeführten Malereien lieferten die beiden Basler Dekorationsmaler Wildermuth & Schweizer. Eduard Schaerer zog sie bei anspruchsvolleren Arbeiten öfters bei. Der Ofen des Tuchhändlers Iselin ist speziell im Zusammenhang mit Schaerers (senior) Farbenjournal von Interesse, bestand doch bis 1877 ein reger Kontakt und Erfahrungsaustausch zwischen den Dekorationsmalern, der Zürcher Kachelfabrik und Eduard Schaerer senior im Bezug auf die Art der Ausgestaltung der jeweiligen Ofenkacheln.

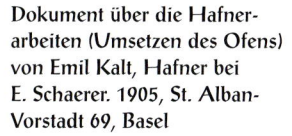

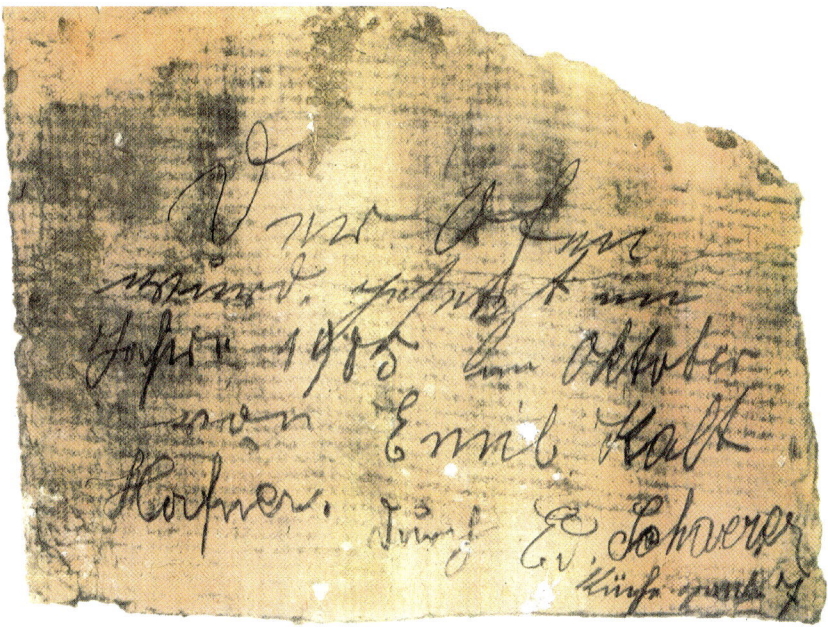

Dokument über die Hafnerarbeiten (Umsetzen des Ofens) von Emil Kalt, Hafner bei E. Schaerer. 1905, St. Alban-Vorstadt 69, Basel

C. Alte Öfen und Öfen für Museen

Eine der ersten grossen Arbeiten, nämlich den Wiederaufbau eines vielfarbig bemalten Winterthurer Ofens im Kleinen Schmiedenhof-Zunftzimmer, konnte Eduard Schaerer 1889 ausführen. Diesen Graf-Ofen (1678, von Hans-Heinrich Graf)[80] mit der Darstellung der Zwölf Monate (Füllkacheln) und der vier Elemente (Lisenen) hatte die GGG (Gesellschaft für das Gute und Gemeinnützige) vorgängig gekauft und Joseph Keiser mit dem Anfertigen des fehlenden Kachelmaterials betraut.

Ein Jahr zuvor hatte Eduard Schaerer schon einen vergleichbaren Keiser-Ofen für Herrn Oberst Alioth aufgesetzt (Rittergasse 11).

In der Folge wurde Eduard Schaerers Hafnerbetrieb im Umfeld zur Eröffnung des Historischen Museums Basel (ab 1895) beauftragt, die Prunköfen, die August Scheuchzer-Dür erworben und dem Museum weiterveräussert hatte, fachgerecht wieder aufzusetzen.

Es sind dies vier Winterthurer Öfen: Ein ganzer, grün glasierter Ofen mit Reliefkacheln (die Erdteile, Personifikationen der fünf Sinne, Hl. Georg, Erzengel Michael, Sündenfall)[81], ein grün glasierter Ofen mit farbigen Lisenen, Zierteilen und kleinem Sitz (die Lebensalter und Allegorien der fünf Sinne)[82], ein polychrom bemalter Ofen (mit Szenen aus Ovids Metamorphosen und entsprechenden Sinnsprüchen, mit den sieben Weltwundern und römischen Gottheiten)[83], und einer der späten Winterthurer Öfen mit damals noch seltenen blau- und manganfarbigen Malereien (biblische Szenen aus dem Alten Testament, abwechselnd mit Aposteldarstellungen nach Tobias Stimmer und Jost Amman).[84]

Bei Joseph Keiser finden wir sie in der Korrespondenz wieder: Die Bestellungen August Scheuchzer-Dürs für Ergänzungen zu den noch unvollständigen Öfen, Handskizzen und Vorlagen mit allerlei belehrenden Sprüchen dazu.[85]

Ein fünfter Winterthurer Ofen schliesslich liegt heute zerlegt im Depot des Historischen Museums (Tugenden und Bürgersleute, abwechselnd mit grün glasierten Rankenkacheln).[86]

Wie Scheuchzer-Dür hatte auch Eduard Schaerer schon in jüngeren Jahren begonnen, alte Kachelware zu sammeln – in der Hoffnung, man könnte die Öfen später wieder einmal aufsetzen. Das Kachelmaterial war häufig unvollständig; das hinderte Eduard Schaerer aber nicht daran, aus den unterschiedlichen Kacheln neue Öfen zusammenzustellen.

Eine stattliche Anzahl schöner, alter Öfen, die Eduard Schaerers Arbeiter damals in Basel aufsetzten, lässt sich leider nicht mehr auffinden. Denn zahlreiche Villen – sie stammten vorwiegend aus der Zeit des Historismus (1860–1910) – sowie öffentliche Bauten wurden samt Inventar in den Fünfzigerjahren und in den darauffolgenden Jahrzehnten ausgehöhlt oder abgebrochen; an ihrer Stelle baute man Geschäftshäuser und Wohnblöcke. Unter dem ständigen Verlust von Grünfläche hält diese Entwicklung bis heute an.

Den ersten der nachfolgend aufgeführten Öfen hat zwar nicht Eduard Schaerer gesetzt (der Ofen gelangte erst nach 1960 ins Haus «Zum Raben»). Trotzdem ist dieser grün glasierte Kastenofen zum besseren Verständnis seiner Arbeitsweise von Interesse: Immer wieder wurden bei Öfen alte, wertvolle Restbestände mit neuem Kachelmaterial durchmischt. Mit solchen «neuen» Öfen warb auch Eduard Schaerer wiederholt für die beliebte Ofenheizung. Obwohl er die betreffenden Öfen nicht mehr in Originalaufstellung anbieten konnte, stand diese Art von Arbeit für einen beträchtlichen Teil des Alltags seiner Hafnerei.

Das korrekte Zuschreiben von Öfen wie diesem ist einiges schwieriger als bei originalen Öfen, fehlen doch meistens die Angaben über den Hafner, der die Kachelware verfertigt, und den Ofensetzer, welcher sie damals zu einem ganzen Ofen neu zusammengefügt hatte.

Anhang

80 Winterthurer Kachelöfen (Ueli Beilwald) S. 42 Ofenkatalog Nr. 124.
81 S. Anm. 80, Ofenkatalog Nr. 117.
82 S. Anm. 80, Ofenkatalog Nr. 122.
83 S. Anm. 80, Ofenkatalog Nr. 64.
84 S, Anm. 80, Ofenkatalog Nr. 148.
85 A.K. 8.3.1–14 ff.
86 S. Anm. 80, Ofenkatalog Nr. 61. S. auch Robert Wyss: Der Winterthurer Ofen von A. und P. Pfau 1682, Historisches Museum Basel, Jahresbericht 1961.

Der Winterthurer Ofen von 1678 im Kleinen Zunftzimmer im Schmiedenhof, v. J. Keiser ergänzt und von E. Schaerer 1889 neu gesetzt. Die Darstellung der vier Elemente treffen wir wieder am Ofen im Haus «Zum Raben»

Der Ofensetzer Eduard Schaerer (1858–1934)

Grün glasierter Ofen mit bemalten Kacheln der Winterthurer Hafnerfamilie Pfau. Haus «Zum Raben», Aeschenvorstadt 15, Basel

Grün glasierter Kastenofen

Die grün glasierten Füllkacheln sind neu, die Zierkacheln hingegen sind alt und vierfarbig bemalt – zum Teil stammen sie aus Winterthurer Hafnerwerkstätten; um 1900 gebaut.

Ursprünglicher Standort: unbekannt, da der Ofen am neuen Standort als «Phantasieform» aufgesetzt wurde.

Jetziger Standort: Haus «Zum Raben», Aeschenvorstadt 15, Basel.

Masse:
Höhe: 1,79 m, Breite: 0,80 m,
Tiefe: 0,70 m.

Im «Haus zum Raben» steht ein mittelgrosser, grün glasierter Kastenofen mit verschiedenfarbigen Malereien. Getragen wird er von zwei reich profilierten Balusterfüssen[87] und der Vormauerung in Sandstein. Den Ofen heizt man vom Gang her ein.

Die Zierkacheln stammen vermutlich aus der Winterthurer Werkstätte der Familie Pfau. Auf einem verkröpften Abschlusssims sind die Initialen A.P. (Abraham Pfau) und die Jahreszahl 1681 zu lesen.

Die neuen Füllkacheln – fünf Schichten samt Fries – werden von Stäben und alten, vierfarbig bemalten Simsteilen umrahmt.

Zwei Themenkreise bestimmen die Bemalung der Lisenen: Einerseits sind in Frauengestalten die vier Naturelemente abgebildet, und zwar nach Hans-Rudolf Landos[88] Vorlagen; andererseits erkennen wir Figuren aus der Apostelgeschichte (S. Petrus und S. Jacobus der Jüngere), die nach Kupferstichen von Rudolf Meyer aus Zürich aufgemalt wurden.[89] An der verdeckten Wandseite finden wir auch personifizierte Darstellungen der Tugenden Stärke und Hoffnung.

In der Friesschicht über dem blau-weiss bemalten Rundstab sind auf den Eckpartien Fruchtgebilde und eine männliche Büste mit einem Siegeskranz im Haar aufgepinselt.

Anhang

87 Baluster: Stützender Bauteil mit stark profiliertem Schaft von rundem oder vieleckigem Querschnitt, oft an Geländern verwendet.

88 Hans-Rudolf Lando war um 1600 Glasmaler in Bern. – Vorlagen vor 1605. Frankfurt, Bibliothek des Kunstgewerbemuseums.

89 Meyer Rudolf: Apostelfolge und die vier Evangelisten auf Vorlageblättern 1628, Zürich.

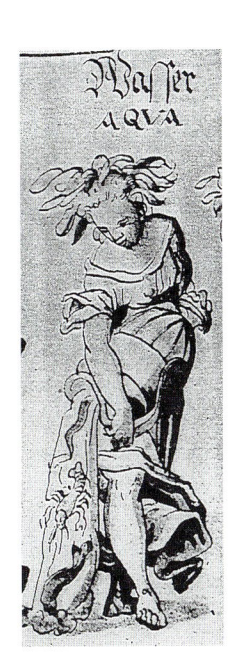

Vorlagen (die vier Elemente) nach Hans-Rudolf Lando und die Umsetzung auf die Ofenkacheln

Blau bemalter Kastenofen

Blau bemalter Kastenofen, mit meergrüner Kachelware ergänzt: 1760 gebaut; Hafner: Balthasar Fischer in Aarau. Ursprünglicher Standort: unbekannt. Im Archiv Keiser fand ich eine Handskizze Schaerers. Darauf steht «Aarauer Ofen», der sich exakt als der Ofen von Balthasar Fischer in Riehen herausstellt[90] (A.K. 4.1.2.1.41). (Eduard Schaerers Tochter Elisabeth vermutete ihn bei Direktor Clavel auf der Schusterinsel, Kleinhüningen). Jetziger Standort: Mohrhaldenstrasse 133, Riehen.

Masse:
Höhe: 1,94 m, Breite: 0,84 m,
Tiefe: 1,34 m.

Balthasar Fischer-Ofen, 1760, im Hause Elisabeth Gesslers (Schaerers Tochter) in Riehen

«Aarauer Ofen von 1760», Mohrhaldenstrasse 133, Riehen

Der Aarauer Hafner Balthasar Fischer liess diesen Ofen folgendermassen bemalen: die weiss glasierten Füllkacheln mit Blumendekor (Rosetten und Streublumen); die Eckkacheln mit Blumen- und Fruchtbuketten; die Gesimse mit Akanthusornamenten, Blattrosetten und senkrechten Stäben. Vermutlich war Rudolf Oetliker aus Zofingen Fischers Ofenmaler.[91]

Die Füsse sowie die Boden- und Sockelplatte für diesen Ofen sind aus Sandstein; darauf ruhen der Sockelsims (mit angeformtem Rundstab), ein Fries, eine Leiste und vier Kachelschichten; den Abschluss nach oben bilden erneut ein Fries und ein Rundstab sowie ein Obersims mit einem blauweiss gestreiften Stab. Ebenso wie die an der Wand anschliessenden Lisenenkacheln stehen auch die Eckkacheln gegenüber den Füllkacheln vor.

Als Eduard Schaerer diesen eher behäbig wirkenden Ofen bei seiner Tochter Elisabeth aufsetzte, stand ihm nicht mehr das vollständige Kachelmaterial zur Verfügung. Möglicherweise erwarb er die Kacheln dank seinen guten Verbindungen zu Brugg und Umgebung. Elisabeth Gessler vermutete, ihr Vater habe sie auf der Schusterinsel gekauft.

An einer Ofenlängsseite ersetzte Eduard Schaerer die fehlenden Platten durch meergrün glasierte Füllkacheln. Diese farbliche Gliederung treffen wir immer wieder bei vergleichbaren Öfen Balthasar Fischers an, so z.B. an den Öfen auf Schloss Schafisheim, Aargau. Ein grosses Wärmerohr baute er quer zum Ofenkörper unter dem Fries ein. Nachträglich liess er auch einen Wandlisenenteil auswechseln: «Paul Gessler Elisabeth Schaerer 1931/32» steht darauf.

Offensichtlich widmete der Vater diesen Ofen seiner Tochter und ihrem Ehemann.

Ein ganz ähnlicher Ofen, den Balthasar Fischer auch mit der Jahreszahl 1760 datierte, steht heute in der St. Alban-Vorstadt 5, im Hauptsitz der Christoph Merian'schen Stiftung. Er gleicht dem oben aufgeführten Ofen in Form und Grösse. Blau-weiss ist auch die Bemalung der Simsteile; aber für die Füll- und Eckkacheln wählte Fischer andere Motive aus: So verzieren Abbildungen von einheimischen Vögeln die Friesschicht, und Landschaftsdarstellungen, die von Ornamenten umrahmt sind, verschönern die Füllkacheln und Eckteile.

Anhang

90 A.K. 4.2.–41, s. auch Kapitel 3. Eduard Schaerers Arbeiten.

91 Rudolf Oettiker (1710–1771) Kachelmaler; vgl. Karl Ferei: «Zur Geschichte der Aargauischen Keramik des 15.–19. Jahrhunderts», S. 122.

Ofen von Balthasar Fischer, 1760. Hauptsitz der CMS in der St. Alban-Vorstadt 5, Basel

D. Keiser-Öfen

Rudolf Schnyder hielt die zentrale Funktion Eduard Schaerers und damit auch der Stadt Basel für Joseph Keisers Ofenproduktion im Ausstellungskatalog zu «Entdeckung der Stile» fest.

Ebenso weist Karl Frei in seinem Artikel über die «Zuger Keramik» ausdrücklich darauf hin, dass neben Bern und dem gegen die Innerschweiz gerichteten Teil des Kantons Zürich vor allem Basler Privatleute bei Joseph Keiser Bestellungen aufgaben. Dabei handelte es sich um «ganze Öfen in alter Manier»[92] sowie um Ergänzungsteile für bestehende Öfen.

Diese Aussage erhärten zahlreiche Eintragungen in den heute noch vorliegenden Rechnungs- und Geschäftsbüchern der Firma Joseph Keiser. Daraus geht nämlich hervor: Gut ein Viertel sämtlicher 190 im Ausstellungskatalog aufgeführten bemalten Kachelöfen wurde in der Stadt Zug und der näheren Umgebung aufgesetzt. Davon abgesehen gingen die meisten Aufträge nach Basel und das benachbarte Elsass (ca. 40) Zürich und die Westschweiz mit Zentrum Genf folgten.[93]

Bis zur Jahrhundertwende stehen im Firmenarchiv über Ofenlieferungen nach Basel, die Hafner Kaus & Rytz und Eduard Schaerer.

Erst ab 1905 (letzte Notiz Kaus & Rytz 1.7.1905) bleibt Eduard Schaerer der einzige regelmässige Abnehmer von Joseph Keisers Kachelware, die er nach den Wünschen seiner Kundschaft vor allem zu Öfen im «Neu-Rokoko»-Stil oder in der Art der alten Winterthurer Hafner zusammenstellte.

Kaus & Rytz hatten wohl altershalber ihre Tätigkeit als Hafner aufgegeben und auch niemand gefunden, der ihren Betrieb weitergeführt hätte.[94]

In einem Brief Eduard Schaerers an Joseph Keiser 1897 lesen wir zudem, der junge Rytz habe einen Handwerksbetrieb in Herzogenbuchsee übernommen.[95]

Entwurf für den Turmofen Sarasin-Thurneysen, St. Alban Vorstadt 82, Basel, 1889, heute Lauwilberg

Schaerer hatte mit den Architekten Leonhard Friedrich, Vischer & Fueter, nach 1900 ebenso mit der Architektenverbindung La Roche & Staehelin – neben seiner Privatkundschaft – drei sichere und regelmässige Kunden für Joseph Keisers Öfen gefunden.

Dabei ging es fast ausschliesslich um wertvolle und entsprechend kostspielige Ofenlieferungen in die grosszügig gehaltenen Bürgerhäuser in Basels Altstadt. Dass die Mehrzahl der in den Büchern der Zuger Firma vermerkten Öfen heute nicht mehr erhalten ist, zeugt von der Gleichgültigkeit und Unwissenheit um Bedeutung und Wert der stilvollen und stimmigen Liegenschaften aus der zweiten Hälfte des letzten Jahrhunderts. Diese Häuser mit ihren schönen Öfen sind in grossem Mass in den Fünfzigerjahren (und noch später) abgebrochen worden und für immer verloren. Es entsprach dem Zeitgeist der Nachkriegsgeneration, wonach Architekten wie Private ihre Hoffnungen vor allem in die Neubautätigkeit setzten. Über 150 Bestellungen nach Basel zwischen 1885 und 1927 sind bei Joseph Keiser noch vorhanden. Den überwiegenden Teil machen Öfen, Cheminée- und Heizverkleidungen aus. Daneben finden sich auch Ergänzungen zu alten Kachelöfen, seltener auch Lieferungen für Geschirr oder Ähnliches.[96]

Davon gehen mehr als 50 Lieferungen auf die Ofensetzerei Eduard Schaerer zurück. 20 Öfen lassen sich noch im Stadtgebiet nachweisen: Zur Hauptsache im Neu-Rokoko (in Anlehnung an Strassburg und Bern), ein Ofen im Neo-Renaissance-Stil, ein mächtiger neugotischer Turmofen und zwei unterschiedlich interpretierte Öfen in der Manier der alten Winterthurer Hafnereien. Daneben sind ein Ofen mit Sitz nach Zürcher Vorbildern, ein Walzenofen in weissem Schmelz und Blaumalereien und zwei modernere Öfen aus der Zeit von Joseph Keisers Erben mit sparsam eingesetzten plastischen Teilen und bescheidener Malerei bekannt.

Es ist heute nicht mehr auszumachen, warum die übrigen Basler Ofenbauer bei Joseph Keiser kaum als Kunden auftraten. Die Überzahl der Rechteckkachelöfen mit reich reliefierten Kacheln lässt die Vermu-

Totalansicht des Ofens für Dr. Hegglin-Bossard in Schönbrunn, Zug. Vom Verfasser 1998 im Museum in der Burg, Zug, neu aufgesetzt

Hermen-Pilaster am 1884 erstellten Kastenofen Joseph Keisers für Dr. Hegglin-Bossard in Schönbrunn, Zug

tung zu, dass diese Handwerker sich im Allgemeinen mit der qualitativ minderen, preislich aber weitaus günstigeren Kachelware aus dem badischen Grenzgebiet begnügten.

Keiser stellte für seine Kundschaft nie einen länger verlässlichen Ofenkatalog zusammen.[97] Die Nummern, mit denen er seine Öfen auf Plänen und Abbildungen kennzeichnete, waren nur vorübergehend verbindlich; immer wieder wechselten sie oder verschwanden schliesslich ganz aus seinem «Musterbüchlein».[98]

Das liegt wahrscheinlich daran, dass Joseph Keiser sich hauptsächlich mit Einzelanfertigungen sowie mit Ergänzungs- und Restaurationsarbeiten für Museen und seine private Kundschaft beschäftigte – und daher nicht so sehr auf einen systematischen Musterkatalog angewiesen war. Immerhin verfügten Joseph Keisers Erben nach ihrem Beitritt in den Verband Schweizerischer Kachelofenfabrikanten[99] über eine Preisliste, auf der das gesamte, bei ihnen damals erhältliche Kachelmaterial aufgeführt war.

Die handwerklichen Fertigkeiten, die Joseph Keiser dazu befähigten, seine Öfen fachgerecht und kunstvoll anzufertigen und aufzubauen, erwarb er sich selbst: Als junger Mann besuchte er verschiedene Kurse an der Kunstgewerbeschule in Zürich[100], machte sich vertraut mit den Bilderöfen, studierte die Techniken der Winterthurer und Steckborner Hafnerwerkstätten und befasste sich mit Rokoko-Öfen aus dem 18. Jahrhundert.

Die hier getroffene Auswahl der Keiser-Öfen beschränkt sich auf Basel, soweit die Öfen bekannt und repräsentativ sind. Sie alle sind von Eduard Schaerer einst aufgebaut worden. Demnach soll ein jeder Ofentyp mit seinem eigenen Formenschatz stellvertretend für eine bestimmte Stilepoche stehen.

Anhang

92 K. Frei: Zuger Keramik in Zuger Neujahrsblätter, 1931, S. 62.
93 «Entdeckung der Stile», Liste bemalter Öfen der Werkstatt Keiser, S. 103–108.
94 Basler Adressbuch: ab 1886.
95 A.K. 11, Brief Eduard Schaerer an Joseph Keiser vom 22. März 1897.
96 A.K. 13, Eintrag betr. Lieferung von Urnen an den Friedhof am Hörnli, 1903 im März.
97 A.K. 8, «Katalogauszug der Kunsttöpferei Jos. Keiser Zug Suisse um 1900.»
98 A.K. 1.1–1.5 und 2.1.
99 Preisliste des Verbands schweizerischer Kachelofenfabrikanten 1924, Kachelofenfabrik der Erben von Josef Keiser, Zug.
100 «Entdeckung der Stile» in: Joseph Anton Keiser (1859–1923) S. 33 ff. und «Joseph Anton Keiser», S. 71.

– Die nachstehend aufgeführten Öfen beziehen sich auf die chronologische Nummerierung der Liste bemalter Öfen der Werkstatt Keiser in «Die Entdeckung der Stile», S. 103–108.

«Schmiedenzunft»-Ofen, Nr. 19

Neugotischer Turmofen mit Füllungen aus patronisierten Ofenkacheln um 1890 erbaut

Standort: Zunftsaal im «Schmiedenhof».
Masse:
Heizkörper: Breite 9,25 m, Tiefe: 6,4 m, Höhe: 3,30 m; Turm: Breite: 7,45 m, Tiefe:1,20 m.

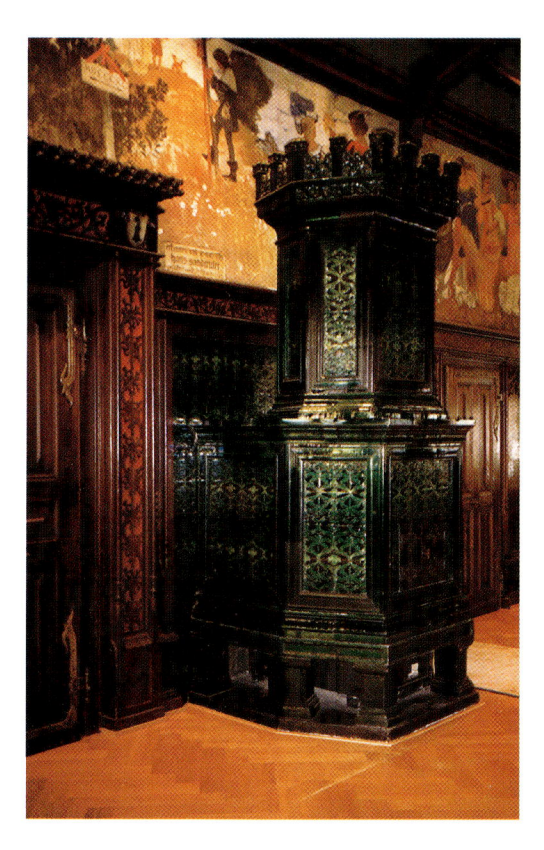

Der Schmiedenzunft-Ofen von 1890, Basel

Eine Besonderheit in Joseph Keisers Wirken stellt der neugotische Turmofen in der Basler Schmiedenzunft dar.

Bestimmt hat der sogenannte «Engelhof-Ofen» am Nadelberg, Joseph Keiser als Vorlage gedient.

Meines Wissens handelt es sich um den einzigen noch komplett erhaltenen gotischen Ofen in Basel, datiert mit 1570.[101]

Die Formgebung des Schmiedenhof-Ofens ist mit diesem fast identisch, auch wenn der ganze Körper neu um 90 Grad gedreht wurde.

Gestalterisch hielt sich Joseph Keiser ebenso streng an sein Vorbild (Gliedern der Füllkacheln und Umrahmungen, Bekrönung u.a.m.).

Selbst das von ihm verwendete Patronenmuster ist fast gleich wie am Original.

Schaerer muss Joseph Keiser vorgängig die wesentlichen Unterlagen zur Herstellung geliefert haben.

Obwohl im Tagebuch[102] der Elisabeth Keiser, Joseph Keisers Frau, mehrmals von einem grünen Ofen die Rede ist, scheinen nur die Zierteile dunkelgrün glasiert. Die Spiegel werden von patronierten Kacheln gebildet, deren Muster grün aus dem fast schwarzen «Untergrund» herausstechen und sich über die ganze Kachelfläche einer Tapete gleich fortsetzen. Tatsächlich überzieht die dunkelgrüne Glasur alles, wirkt aber nur dort dunkelgrün, wo eine weisse Engobe in den Aussparungen darunter liegt.

Die Herstellung der Kachelware für den Zunft-Ofen verlief nicht ohne Probleme: Schon am 15. Februar 1890 hielt E. Keiser in ihrem Tagebuch fest: «Die ganze Woche kleine Kacheln repariert für den gothischen grünen Ofen nach Basel, am Abend noch einen Verweis von H(errn) K(eiser) der mir wirklich sehr weh that. Es war etwas zu lang gegangen.»

Und am 1. April 1890 lesen wir: «Der gothische Ofen für den Schmiedenzunftsaal wird abgeschickt.»

Eduard Schaerer stellte nach Eintreffen der Lieferung den schon durch seine Grösse beeindruckenden Ofen im Zunftsaal auf und rüstete den Vorderlader mit einem ausschamottierten Metall-Einsatz aus (für das Abbrennen verschiedener Brennstoffe). Er verkleidete zudem einem Teil der dahinterliegenden Wand mit den gleichen patronierten Kacheln (wie am Ofen selbst).[102]

Der Ofen wird heute nicht mehr befeuert. Er steht aber noch immer als Zeuge aus einer vergangenen Zeit am ursprünglichen Platz im Schmiedenhof. (Schaerer hatte ein Jahr zuvor den durch Joseph Keiser ergänzten, 1678 geschaffenen Winterthurer Ofen im kleinen Zunftzimmer frisch aufgesetzt.)

Der Engelhof-Ofen von 1570, Nadelberg 4, Basel

Anhang
101 Vgl. Marcus Perez und sein Ofen im «Engelhof» von Alfred R. Weber, Basel, ungedrucktes Manuskript.
102 Elisabeth Meier (Keiser), Tagebuch 15.2.90, Familienarchiv Keiser.

Der Ofensetzer Eduard Schaerer (1858–1934)

Turmofen aus der Hafnerei Keiser für die Gewerbeausstellung 1901 in Basel, später von Eduard Schaerer erworben und an der Amselstrasse 22 gesetzt

Vierfarbig bemalter Turmofen, Nr. 78
Vierfarbig bemalter Turmofen im Stil der Winterthurer Werkstätten.
Standort: Amselstrasse 22, Basel.
Masse:
Höhe: 2,45 m; Heizkörper: Breite: 0,72 m, Tiefe: 0,72 m; Turm: Breite: 0,54 m, Tiefe: 0,54 m.

Dieser Kachelofen – Joseph Keiser gab ihm die Bezeichnung 5a[103] – ähnelt in seinem Stil den rund 250 Jahre älteren Renaissance- und Barocköfen.

Wie viele Öfen steht auch dieser Turmofen auf einer Sandsteinplatte. Getragen wird der viereckige, mit Lisenen geschrägte Feuerkasten von polychrom bemalten Voluten-Balusterfüssen. Im Gegensatz zu den bisher besprochenen Öfen steht der Vorderlader frei im Raum. Das Feuerloch ist gegen die linke Wandseite gerichtet; der Rauch wird durch Rohre aus dem Kuppelabschluss in den Kamin geführt.

Für die Bemalung des Ofens wählte Joseph Keiser die typischen Hafnerfarben: Blau, Gelb, Grün und Mangan. Hierin lehnte er sich an die Winterthurer Fayencemaler an. Die Füllkacheln im Unterbau sowie im Aufsatz werden von plastisch vorspringenden Säulen und Rundbögen eingerahmt; die Darstellungen zeigen Kämpfe aus den Anfängen der Eidgenossenschaft: die Schlacht bei St. Jakob an der Birs, die Belagerung von Murten und das Gefecht bei Mellingen. Auf den übrigen Füllkacheln finden wir folgende Abbildungen: die Anrufung des Friedens, der Westfälische Friede in Münster und als Anfang der Weisheit: die Gottesfurcht («TIMOR DOMINI INITIUM SAPIENTIAE»).

Als Vorlage für die Zeichnung auf der Feuerkastenfront – dargestellt sind zwei Landsknechte, die als Schildhalter neben dem Baslerstab stehen – diente ein Scheibenriss[104] aus der Werkstatt Hans Holbein des Jüngeren. Dieser Scheibenriss fand

Scheibenriss aus der Werkstatt Hans Holbein des Jüngeren von 1523

Joseph Keisers Entwurf

mehrmals Verwendung auf Joseph Keiser-Öfen. Das ist kennzeichnend für Joseph Keisers Produktionsweise: Einerseits stellte er formal identische Öfen in kleiner Stückzahl her, anderseits dienten ihm gleiche Vorlagen für unterschiedliche Bildprogramme. In seinem Skizzenbuch hatte Eduard Schaerer verschiedene Muster für die Leisten ausprobiert. Er bezog sich auf Vorlagen der alten Meister aus Winterthur.

Auf den vorspringenden Lisenen sind bedeutende Persönlichkeiten aus der Geschichte Basels aufgemalt: der Bürgermeister Rudolf Wettstein, der Maler Hans Holbein der Jüngere, der Baselbieter Hauptmann bei St. Jakob an der Birs Heman Sevogel und der Reformator Johannes Oekolampad. Wahrscheinlich hat Eduard Schaerer seinen Kollegen Joseph Keiser zu diesem Bildprogramm angeregt.

Die Friesschicht und die Lisenen sind mit Blattwerk reich geschmückt; auf den Friesecken sind Maskarons (Fratzengesichter) aufgepinselt.

Den Ofenabschluss bildet eine bemalte Kuppel mit Akroterien (plastischen Verzierungen an den Ecken) und geflügelten Puttenmaskarons; diese werden auf der Seite von emporstrebenden Voluten gestützt. Zuoberst ruht, in Akanthusblättern gebettet, eine farbige Kugel.

1901 hatte Eduard Schaerer diesen Ofen zum Preis von 1000 Franken für die Gewerbeausstellung in Basel gekauft; anschliessend nahm er ihn an Lager. 1924 bot er den Ofen – nach Absprache mit Joseph Keisers Erben – einem Antiquar aus Zürich an. Auf besonderen Wunsch ersetzte er die Balusterfüsse durch vier Löwenfüsse. Trotz dieser Änderungen kaufte der Antiquar den Ofen nicht.[105]

Später setzte Eduard Schaerer den Ofen bei sich an der Amselstrasse wieder auf, wo er noch heute steht.

Keiser bot den «Schaerer-Ofen» in unterschiedlicher Bemalung seiner Kundschaft an. Ein solcher Ofen steht im Haus «Zur Unteren Münz» in Zug.[106] Neben dem Wappen des Besitzers finden wir am Ofen die Inschrift «Erstellt 1903, Joseph Keiser».

Der Turmofen von 1901 in Schaerers Werkstatt an der Gewerbeausstellung 1901 in Basel von Keiser gezeigt und von E. Schaerer erworben.

Riss Joseph Keisers für den «Schaerer-Ofen»

Anhang
103 Archiv Joseph Keiser, Zug 2.1.5. – 4.
104 Scheibenriss um 1522/23. Hans Holbein d. Jüngere, Zeichnungen aus dem Kupferstichkabinett der öffentlichen Kunstsammlung Basel, 1988, S. 129, Katalog von Christian Müller.
105 Vgl. Archiv Joseph Keiser, Zug. Briefwechsel zwischen Eduard Schaerer und Elisabeth Keiser vom 19.3.1924 und 27.7.1924, A.K. 11.
106 1903, fol. 345, Aug. Wipf zur Münz, 1 Ofen bunt 800.–.

«Schützenhaus»-Ofen, Nr. 104

Vierfarbig bemalter Turmofen mit grün glasierten Füllkacheln im Stil der Winterthurer Hafnerwerkstätten.
Ursprünglicher Standort:
Schützenhaus Basel.
Jetziger Standort: unbekannt
Masse: Höhe: ~2,55 m; Heizkörper: Breite: ~0,85 m, Tiefe:~1,00 m; Turm: Breite: ~0,65 m, Tiefe: ~0,65 m.

Schützenhaus-Ofen, Archivzimmer, Basel

Die Feuerschützengesellschaft besitzt schon seit 1466 mit dem «Schützenhaus» (heute im Erdgeschoss ein renommiertes Speiserestaurant) ein «Zunft»eigenes Lokal. Im Wesentlichen steht es nach dem Umbau von 1561–1564 in der damaligen Form.

1907 bestellte der Oberschützenmeister Herr G. Georg bei Joseph Keiser einen grünen Reliefofen «mit bunten Lisenen», bezahlte ihm dafür 2000 Franken und vermachte ihn der Feuerschützengesellschaft als Geschenk.

Dass die Wahl beim Ofensetzer auf Eduard Schaerer fiel, kann nicht erstaunen: Zum einen war dessen Vater bis zu seinem Tod Mitglied der Feuerschützen gewesen.

Andererseits hatte Joseph Keiser Eduard Schaerer als Unternehmer für diese Arbeit wohl bestens empfohlen.

Aus dem Briefwechsel zwischen Eduard Schaerer und dem Vertreter der Feuerschützen geht zudem hervor, dass der Einbau eines weiteren, grün glasierten Kachelofens geplant war.[107] Fünfzig Jahre blieb der Schützenhaus-Ofen so bestehen.

Mit dem 1957 schriftlich festgehaltenen Auftrag an den bekannten Hafner K. Enderle[108], den Ofen sorgfältig abzubauen und für einen allfälligen Abtransport zu reinigen und zu verpacken, verläuft sich jede Spur über den Verbleib dieses «Winterthurer» Keiser-Ofens.

Immerhin hatte sich die «Feuerschützengesellschaft zu diesem Zeitpunkt bemüht, einen Käufer für die damals wertlos gewordene Kachelware zu finden.[109]

Wie eine Vielzahl seiner Winterthurer Vorgänger ruhte auch dieser achteckige Turmofen auf Löwenfüssen. Keiser hatte die streng gehaltene Formensprache der Winterthurer Hafner übernommen und hier nicht mehr stark weiterentwickelt.[110] Die dunkelgrünen Reliefkacheln (Füllkacheln) scheint er, von alten Vorlagen ausgehend, wiederverwendet zu haben. Die Lisenen ihrerseits (soweit erkennbar) sind mit militärischen Figuren (Leutnant, Hauptmann usw.) vierfarbig bemalt. Zuoberst ziert klar ein Schild – man kann es ruhig annehmen – mit den Initialen des Auftraggebers und Joseph Keiser den Neo-Barock-Ofen.

Eine genauere Beschreibung des Ofens (es existiert nur eine Abbildung auf einer Postkarte) ist leider nicht möglich.

Anhang

107 a/b Unterlagen aus dem Archiv der Feuerschützen 5.1.1907, 31.10.1907, Inventar 1921, 3.3.1909.
108 An anderer Stelle Archiv Feuerschützen, v. 23.10.1957.
109 An anderer Stelle Archiv der Feuerschützen, 13.5.1957.
110 Vgl. Kachelofen Joseph Keisers für Frau Page, Nr. 96, 1903, auf Schloss St. Andreas in Cham, und Ofen, Nr. 107, für die Familie Adelheid Huber, Krone, Sihlbrugg in «Die Entdeckung der Stile», S. 105, 106.

Rokoko-Öfen

Keiser hat sich beim Bau seiner Öfen an verschiedenen Rokoko-Hafnerwerkstätten orientiert. Dies belegen die Skizzen und Abbildungen von Strassburger Öfen, die Eduard Schaerer an Joseph Keiser geschickt hat. Solche Öfen – in ihrer Form der Zeit angepasst – fanden sich in Joseph Keisers Angebot.

Keisers Frau – mit ledigem Namen Elisabeth Meier – arbeitete seit 1885 im Betrieb ihres Gatten als Keramikmalerin mit; sie war vor allem für die Ausgestaltung der Neo-Rokoko-Öfen zuständig.

Zuvor hatte sie beim Tonwarenfabrikanten Heinrich Hanhart in Winterthur das Malen auf Ton nach Heimberger Manier gelernt.[111] Es kommt wohl nicht von ungefähr, dass Joseph Keiser gerade nach Basel Prunköfen in der Manier des Rokoko lieferte; denn schon hundert Jahre früher hatten Basler Bürger in Strassburg und Bern Öfen dieser Art bestellt. Als Beispiele für wertvolle Neo-Rokoko-Öfen, die in der Stadt Basel aufgesetzt wurden, stehen die nachfolgenden zwei Öfen:

Anhang
111 «Die Entdeckung der Stile» S. 38.

Musterblatt für einen Turmofen im Neurokoko-Stil, Joseph Keiser, 1895

Rot bemalter Neu-Rokoko-Ofen

Rot bemalter Neu-Rokoko-Ofen mit Landschaftsdarstellungen, 1892 von Joseph Keiser gefertigt und nach Basel geliefert.
Ursprünglicher Standort: Unbekannt.
Jetziger Standort: St. Alban Berg 2a.
Masse: Höhe: 2,63 m; Heizkörper: Breite: 0,90 m, Tiefe: 1,06 m; Turm: Breite 0,68 m, Tiefe: 0,68 m.

Keiser-Ofen von 1892

Ein Inserat in der lokalen Zeitung (BaZ) machte auf den Verkauf eines ehemaligen Wohn- und Fabrikationsgebäudes mit einem historischen Kachelofen aufmerksam. Dieser Ofen stammte, wie leicht zu erkennen war, aus Zug. Wie meistens bei seinen Öfen hatte Joseph Keiser seinen Namenszug «Joseph Keiser, Hafner in Zug», auf eine kleine Frieskachel aufgepinselt.

Nach dem Verkauf der Liegenschaft erteilten die neuen Eigentümer den Auftrag, den Ofen möglichst wieder in seiner ursprünglichen Form aufzustellen. Ein Hafner hatte den Ofen aus unerfindlichen Gründen vor fünfzig Jahren um eine Friesschicht (im Sockelbereich) gekürzt, mit einem Warmluft-Einsatz ausgerüstet und ungünstig frei im Raum (direkt im Fensterlicht) aufgesetzt.

Neu sollte er wieder an eine Wand gebaut und von der Küchenseite befeuert werden. Schon während des sorgfältigen Abbaus bot sich die Gelegenheit, das Kachelmaterial gründlich zu studieren.

Recaillenmuster und verschiedene Musikinstrumente waren auf die Lisenen und Frieskacheln, Ansichten von markanten Häusern und Plätzen unserer Stadt (ein Teil existiert heute nicht mehr), von Landschaften und Dorfteilen aus dem nahen Baselbiet auf die grossformatigen Füllkacheln gemalt worden.

Dies geschah minuziös genau, Fotografien vergleichbar (solche wurden wohl als Vorlagen benutzt), mit schöner purpurroter Farbe. Ganz klein sind auf einer bemalten Füllkachel am Heizkörper das Entstehungsjahr – 1892 – und die Initialen – E.M. (Elisabeth Meier) – auszumachen.

Der Ofentyp erinnert sehr an die Pläne Joseph Keisers aus den frühen Neunzigerjahren, nach denen er mehrere Neu-Rokoko-Öfen nach Basel geliefert hatte.[112] Der ursprüngliche Aufstellungsort ist nicht bekannt. Aus Joseph Keisers Archiv geht ebenso wenig hervor, wer damals Auftraggeber für diesen Ofen gewesen war.

Dies gilt genauso für den beauftragten Hafner; es können aber nur Kaus & Rytz oder Eduard Schaerer selbst gewesen sein.

Bis in die Vierzigerjahre muss der Ofen im Haus Rittergasse 23 gestanden sein, noch heute Sitz der La Roche-Bank. Dies trifft auch auf den sogenannten Socin-Ofen zu, der danach ebenso in den Besitz der gleichen Familie im St. Alban-Tal überging.[113] Zuvor hatte sie der Hafner Emil Merian beide (wohl) ein erstes Mal umgesetzt – eben an der Rittergasse 23.[114]

Offen bleibt, ob die Rauchgase von Anfang an mittels Rauchrohren aus der Kuppel zum Kamin abgeführt worden waren. Eine vergleichbare Installation wurde an zwei Neu-Renaissance-Öfen Keisers vom Typ 5a an der Amselstrasse 22, Basel, 1901, und «Untere Münz», Zug, 1903, bereits angetroffen.

Der Wiederaufbau des Ofens wurde genau protokolliert: Das Einrichten der Baustelle, die Abdeckarbeiten und der Abbruch selbst nahmen 32 Stunden in Anspruch.

Viel Zeit brauchten wir, um die Kachelhälse freizulegen und die Kachelware zu putzen (drei Tage Arbeit für einen Mann). Ein Maschineneinsatz war nur sehr beschränkt möglich und kaum lohnend, denn der Ofen steht im zweiten Stock.

Den effektiven Aufbau schlossen wir nach etwas mehr als 160 Stunden ab.

Dies bestätigte einmal mehr meine Vermutung, dass wir «modernen» Ofensetzer noch heute nicht wesentlich schneller arbeiten als die Hafner vor rund 100 Jahren.

Anhang

112 Vgl. Musterblätter für einen Neurokoko-Ofen 6.16, v. Typ 6.25, Werkstatt Joseph Keiser um 1890; 6.24 für einen Turmofen im Neurokoko-Stil; 6.25 für einen bemalten Turmofen im gleichen Stil, für Herrn Zahn-Geigy in Basel, Werkstatt Joseph Keiser um 1889 in «Entdeckung der Stile», S. 88.
113 Vgl. kachelrückseitige Notiz in den Öfen.
114 Nach Aussage von Herrn E. La Roche.

Feuerraum mit Gewölbe und Steigzügen

Oberbau des Ofens mit seitlichen Sturzzügen und Steigzug (letztem Zug)

Öfen um die Jahrhundertwende und später

Ofen Rittergasse 19, Nr. 69

Ofen mit blau bemalter Kachelware aus dem Jahr 1898.
Standort: Rittergasse 19
Masse: Höhe: 2,55 m; Heizkörper: Breite: 0,80 m, Tiefe: 1,02 m; Turm: Breite: 0,62 m, Tiefe: 0,92 m.

Variante des Ofens

Ofen für die Familie Vischer, Rittergasse 19, Basel

Die Nachfahren der Familie Vischer haben bis heute die Planunterlagen, die ihnen Joseph Keiser 1898 zugeschickt hatte, sorgfältig aufbewahrt.

Ursprünglich hatte er zwei Vorschläge präsentiert. Dabei hatte er auch einen historischen Ofen, wie er ihn rund zehn Jahre zuvor für Herrn Alioth angefertigt hatte, in Betracht gezogen und der Familie Vischer eine Pause davon geschickt.

Die Mitglieder der Familie entschieden sich für den moderneren Ofentyp, wie wir ihn von den Küchler-Öfen in Muri her schon kennen, nämlich für die Lieferung eines blaubemalten, sechseckigen Turmofens mit Kuppel, auf schlanken Balusterfüssen.

Im Kassabuch der Zuger Firma können wir nachlesen: 1898, «1300.– für einen blaubemalten Ofen».

Wir dürfen annehmen, dass Joseph Keiser die Bemalung der Ofenkacheln nach den Wünschen der Bestellerin vornehmen liess: Motive aus der Stadt Basel und der näheren Umgebung – beliebt waren immer wieder die alten Stadttore – zieren die grossen Füllkacheln, während die Umrahmungen (Frieskacheln und Lisenen) Ornamente nach alten Vorbildern aufweisen.

Als Abschluss hatte Joseph Keiser eine Rippenkuppel mit dazu passendem Knauf mit dem beliebten Akanthusblattmuster geformt.

Plan des Ofens für die Familie Vischer

Blau bemalter Kuppelofen im Stil der Zürcher Öfen

Kuppelofen mit seegrünen Füllkacheln.
Standort: St. Alban-Vorstadt 17, Basel.
Masse: Ofen: Höhe: 2,65 m, Breite: 0,80 m, Tiefe: 0,80 m; Sitz: 1,87 m, Breite: 0,70 m, Tiefe: 0,45 m.

Ofen für Frau und Herrn Sarasin-Vischer, St. Alban-Vorstadt 17, Basel

«Dieser Ofen wurde erbaut im Kriegsjahr 1918 für das Haus zum Geist des Herrn Rudolf Sarasin und seiner Ehefrau Henriette Vischer durch Joseph Keiser in Zug.» So lautet die Aufschrift auf einer Füllkachel der verdeckten Ofenrückwand.

Die Familie Sarasin-Vischer bezahlte am 5. November 1918 für das gelieferte Kachelmaterial den Betrag von 1965 Franken.[115] Joseph Keiser entwarf diesen Ofen und bezeichnete ihn in seinem Katalog mit der Nummer 21. Ähnliche Öfen setzte er auch in der Stadt Zug und in den umliegenden Gemeinden auf.[116]

Der Ofen in der St. Alban-Vorstadt erinnert an die Zürcher Kuppelöfen des 18. Jahrhunderts. Joseph Keiser hatte – so wünschten es seine Auftraggeber – Stadtansichten auf die Friesbänder gemalt.

Vier glasierte und mit Ornamenten verzierte Balusterfüsse, tragen den quadratischen Ofenkörper. Über dem Sockelsims verläuft die untere Friesschicht. Joseph Keiser trennte sie mittels eines Perlstabs von den seegrünfarbigen Füllkacheln. Eine weitere Friesschicht mit passendem Rundstab führt über zum Abschlusssims.

Der zurückversetzte Turm verjüngt sich über den Ecken zu einem Kuppelabschluss, den ein schön geformter Knauf überragt. An der Ofenrückseite schliesst ein kleiner Ofensitz an; in der Gliederung ist er ganz auf den Heizkörper abgestimmt. Das Feuerloch mit der Heiztür aus Messing liess Eduard Schaerer in die Ofenfront ein; so lässt sich die Sitzbank vom Ofen aus beheizen. Die Blaumalerei auf weissem Grund – das betrifft die Fries- und Eckkacheln – bezieht sich ausschliesslich auf Ansichten von Stadttoren, auf markante Basler Plätze und Aussichtspunkte des Baselbiets.

Schliesslich erkennen wir auf einer der bemalten Frieskacheln das Haus der Familie Sarasin-Vischer: das Haus «Zum Geist».[117]

Dieses Haus und die drei angrenzenden spätmittelalterlichen Häuser hatten 1903 die Architekten La Roche & Staehelin im Stil der Spätrenaissance gestaltet, wobei sie in die einheitliche Fassade auch Elemente des Barocks miteinbezogen.[118]

Anhang

115 Archiv Joseph Keiser, Zug. A.K. 13, Kassabuch von 1918.
116 Vgl.: Öfen in Zug. Privatbesitz von Alois Kamer und Alois Hotz, «Die Entdeckung der Stile», S. 95, 107, 108; und Karl Frei: Zuger Keramik (Zuger Njbl. 1931, S. 65).
117 Ein ehemaliger Besitzer, der einst dem Orden «Zum Heiligen Geist» angehörte, gab dem Haus diesen Namen.
118 Rolf Brönnimann: «Historische Bauten: 1850–1910», S. 26.

Ofenplan Joseph Keiser für Frau und Herrn Sarasin-Vischer, St. Alban Vorstadt 17, von 1918

E. Besondere Öfen

Im Archiv Joseph Keiser in Zug finden wir viele Pläne, Handzeichnungen und Abbildungen von Öfen, die verschiedene Schweizer Hafner dem Kachelfabrikanten geschickt haben; darunter befinden sich auch manche von Eduard Schaerer: Er hat sie seinem Berufskollegen zur freien Verfügung überlassen. Eduard Schaerer schuf zahlreiche Öfen in Zusammenarbeit mit Architekten: sei es, dass sie ihm einen Auftrag gaben, sei es, dass Eduard Schaerer sich von dem persönlichen Baustil eines Architekten beeinflussen liess. Es waren dies vor allem: Vischer & Fueter, La Roche & Staehelin sowie J.J. Stehlin und F. Stehlin. Heute gelten sie als bedeutende Vertreter des Historismus in Basel. Sie entwarfen markante öffentliche Bauten und Villen sowie Grabdenkmäler, die mit den von ihnen gezeichneten Kachelöfen stilistisch verwandt waren. Leider sind diese Pläne in den Archiven der Architekten nicht mehr vorhanden.

In diesem Kapitel folgt die Darstellung zweier Öfen. Am Ersten können die verschiedenen Einflüsse aus den vergangenen Stilepochen nachgewiesen werden.

Am Zweiten, ein typischer Neu-Renaissance-Ofen aus dem ausgehenden 19. Jahrhundert, ist die Grösse, Stückzahl und Form einzigartig. Ebenso speziell ist auch seine nicht mehr ganz vollständige Geschichte, die hier möglichst präzise nachgezeichnet wird.

Turmofen von 1888, nach einem Entwurf von Eduard Schaerer senior

Turmofen von Eduard Schaerer senior
Ofen in weisser Schmelzglasur mit purpurroter Bemalung; um 1888, nach einem Entwurf Eduard Schaerers senior von Bodmer & Biber gefertigt.

Ursprünglicher Standort: unbekannt, evtl. Rheingasse 31. (Der Ofen war in jedem Fall im Besitz der Familie des Achilles Lotz in Basel.) Zwischenzeitlich Hebelstrasse 28. Jetziger Standort: Basler Denkmalpflege (Ofen zerlegt).
Masse: Höhe: 2,70 m, Breite: 0,95 m, Tiefe: 0,60 m.

Eduard Schaerer senior hatte den Plan für diesen Ofen nach 1870 gezeichnet. Es lieferte aber ein weiteres Mal nicht Joseph Keiser, sondern die Tonwarenfabrik Bodmer & Biber das Kachelmaterial.

Am ursprünglichen Standort wurde der Ofen mit einem Hals ausgerüstet und vom Gang her beheizt. Ein geschlossener, ausschamottierter Eisenkasten diente als Feuerraum. Über dem Hohlraum, der zum Kachelmantel hin bestand, wurde im unteren Bereich der Betrieb mit Warmluft möglich; der obere Teil mit gemauerten Rauchzügen übernahm die Aufgabe eines Wärmespeichers.

Ein unglasiertes Sims mit lesbischem Kyma führt vom Sockel über zum Feuerkasten. Seine Sichtseite ziert ein grossformatiges, zweigeteiltes Kachelstück mit Beschlagwerkdekor. In der Mitte ist eine mit Bändelwerk verzierte Platte angebracht; darauf sind die Initialen «L.B.» (Lotz Basel) zu lesen. Ein leicht gewölbtes Sims mit einem unglasierten Band beschliesst den Heizkörper.

Der zurückgesetzte Turm ruht auf vier profilierten Eckpfeilern; sie sind mit plastischen Blattrosetten und Akanthusblättern besetzt. Weiss glasierte Füllkacheln ergänzen den Aufbau.

Die zwei grossflächigen Frontkacheln umschliessen das Bildnis eines musizierenden Mädchens; Fruchtgebilde umrahmen es

Turmofen von 1888

auf beiden Seiten. Darüber und darunter sehen wir von Reblaub umgebene Kinder, die auf einer Laute und einer Schalmei spielen.

Den Abschluss bildet ein halbrund geformter Giebel mit einer kleinen Kartusche (verzierendes Laubwerk). Auf den beiden Ofenseiten fassen ihn zwei Voluten ein. In die Giebelform ist – wie es üblicherweise die alten Winterthurer Hafner auf ihren Öfen anbrachten – ein «Schild» eingepasst. Auf dem schmückenden Bändelwerk ist die Jahreszahl 1888 vermerkt.

Das Bild beherrschen ein Schild, ein Ritterhelm und ein in Akanthusblattwerk ein-

Abschluss (Giebel und Vase) zum Ofen von 1888

gebettetes Einhorn: Dabei handelt es sich um das Familienwappen des Färbermeisters Achilles Lotz, der diesen Ofen in Auftrag gab.

Unter diesem Bild finden wir eine gemalte Stadtansicht; sie zeigt das Basler Münster und den Rhein. Es fällt auf, dass der Maler dabei die Mittlere Brücke wegliess. Absichtlich? Empfand er sie als störend?

Das Ofendach hatte ursprünglich eine Vase geziert; leider lässt sie sich heute nicht mehr auffinden.

Der Ofen, dessen Bauelemente sich aus den verschiedensten Stilrichtungen zusammensetzen, weist auch in seiner Ausschmückung eine Vielzahl dekorativer Elemente auf. Dank seiner klaren Gliederung vermittelt er trotzdem ein geschlossenes Ganzes.

Wie der Keiser-Ofen (5a) – vgl. das Kapitel: Keiser-Öfen, S. 46 – wurde auch dieser Heizkörper in unterschiedlichen Ausführungen angefertigt, und zwar mit anderen Farben und Motiven, mit oder ohne Hals sowie mit kleinen formalen Änderungen.

Ein zweiter Ofen dieser Art stand in einer 1982 abgebrochenen Villa an der Birmannsgasse.[119] 14.1.1874 liess sie Heinrich Georg, Buchhändler in Basel, bauen. Eduard Schaerer senior war für den Ofenentwurf verantwortlich und besorgte anschliessend auch den Einbau dieses repräsentativen Stücks! Als Dokument für Schaerers senior Glasurproben mögen die bemalten Ofenteile von zusätzlichem Interesse sein.

Anhang

119 Durch die Tatsache, die letzten drei Jahre vor dem Abbruch in dieser Liegenschaft gewohnt zu haben, fühle ich mich speziell mit dem obigen Ofen verbunden.

Der «Rathausofen»
Grün glasierter, mächtiger Turmofen im Neo-Renaissance-Stil aus dem Jahr 1883.
Ursprünglicher Standort: Regierungsratssaal Rathaus Basel.
Jetziger Standort: Depot Denkmalpflege.

Masse:
Höhe: 3,18 m; Heizkörper: Breite: ~1,55 m, Tiefe: ~1,90 m; Turm: Breite: ~1,20 m, Tiefe: ~1,20 m.

Erst weitere Nachforschungen zur Ausstellung «Die Entdeckung der Stile» brachten neue Aspekte. Ein Plan des Ofens[120] wurde gefunden. Eine Abbildung dazu existiert bei der Basler Denkmalpflege.[121] Daneben ist ein (wenn auch) leidlich unvollständiger Schriftwechsel zwischen Baudepartement als Interessensvertreterin der Stadt und (auf der Unternehmerseite) Eduard Schaerer Vater und Sohn vorhanden. Er ist im Staatsarchiv einzusehen.[122]

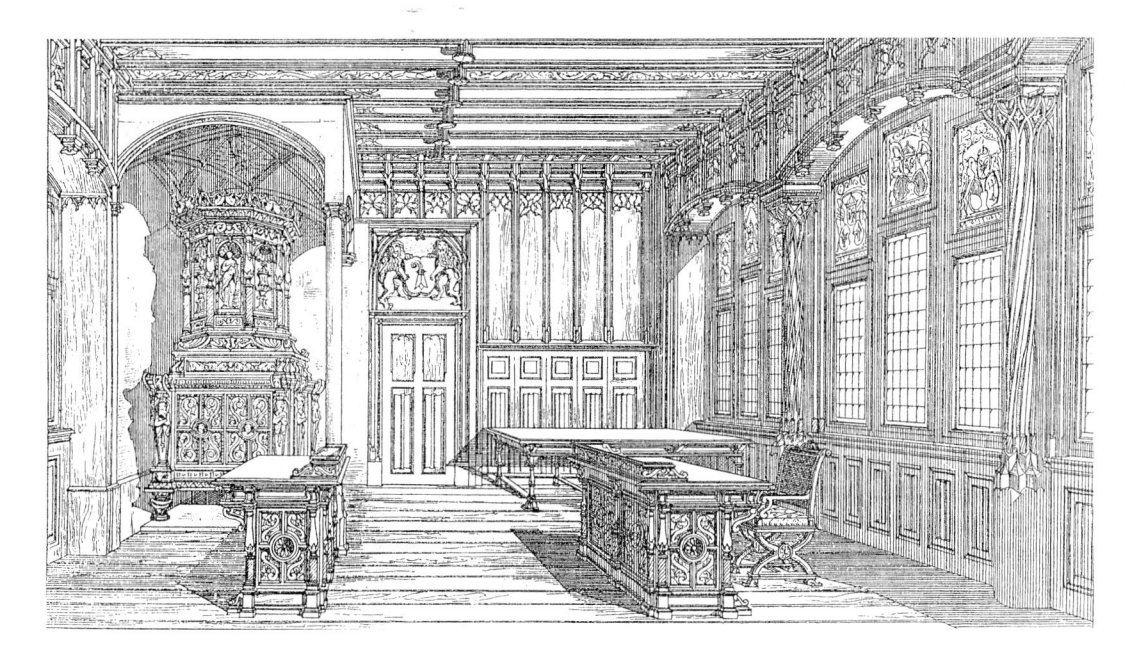

Riss des Regierungsratssaals aus 1885, W. Bubeck

Auch wenn sie heute nicht mehr im Betrieb sind, verfügt das Basler Rathaus in seinen Räumlichkeiten noch über mehrere Öfen. Sie stammen alle aus dem ausgehenden letzten Jahrhundert und nach 1900.

Das Zuordnen des sogenannten Regierungsratssaal-Ofens war das weitaus spektakulärste, denn 1989 beim Inventarisieren des Ofenlagers der Basler Denkmalpflege war dies auf Anhieb nicht möglich. Es gab keine Unterlagen zur Entstehungsgeschichte, weder bei der Denkmalpflege, noch bei den Kunstdenkmälern der Schweiz und auch nicht in der Festschrift «Zum Umbau des Basler Rathauses» 1901 ff.

1874 schickte Joseph Hugelin, bekannter Elsässer Hafner, Eduard Schaerer senior Unterlagen für einen möglichen Kachelofenaufbau im Rathaus. Dieser gab sie sofort an Architekt Heinrich Reese[123] weiter mit der Anfrage, ob ein «Strassburger» Ofen im grossen Saal denkbar sei.

Aus dem Jahr 1879 liegt eine Rechnung Eduard Schaerers vor. Sie bezieht sich auf die Lieferung eines grün glasierten Ofens ins Rathaus. Diese ist wohl mit dem patronierten Ofen in Verbindung zu bringen, der noch heute im Büro des Vorstehers des Wirtschafts- und Sozialdepartements steht. Dass auch dieser Ofen in der einschlägigen

Vorschlag J. Hugelins für den Ofen im Rathaus

Literatur bisher unbeachtet blieb, ist Ausdruck für die Geringschätzung des Historismus als bestimmende Stilepoche ausgangs des 19. Jahrhunderts.

1883 endlich wurde die hängige Angelegenheit entschieden: Im Schreiben vom 24. Mai (1883) teilte das Baudepartement der Regierung mit, den Architekten Gustav Kelterborn und den Zeichnungslehrer Wilhelm Bubeck[124] (von ihm stammte der Entwurf) mit der Planung des Ofens beauftragt und einem Hafner Meyer[125] aus Winterthur die Ausführung dieser prestigeträchtigen Arbeit übertragen zu haben. Das Baudepartement steckte den Kostenrahmen mit Fr. 3000.– bis 4000.– ab. (Zum Vergleich: Der Rokoko-Ofen Zahn-Geigy stand bei Joseph Keiser 1889 mit Fr. 1400.– zu Buch).

Anschliessend wurde der Ofen aufgesetzt.

Auf ein Antwortschreiben Eduard Schaerers aus 1891 betreffs «Neu-Aufsetzen» des Ofens[126] (Eduard Schaerer schlug vor, den Ofen mit einem Heizkasten aus starkem Blech, «mit feuerfesten Kandern-Steinen ausgewählt und gefüttert») erteilte ihm die Regierung per Beschluss vom 1. Juli im gleichen Jahr den Auftrag.

Warum vergab damals die Stadt Basel diesen Auftrag an einen auswärtigen Hafner? Was passierte mit dem Ofen zwischen 1883 und 1891? Wir können bloss vermuten, weshalb die Basler Regierung bei der Wahl der Hafnerei die Zuger Werkstätte überging. Joseph Keiser stand ja am Anfang seiner Laufbahn und hatte erstmals an der Landesausstellung 1883 in Zürich eigene Kachelware ausgestellt, die zum Teil schon ausgezeichnet wurde. Eduard Schaerer wiederum kam erst zum Zug, nachdem der Ofen in den ersten Jahren nach Fertigstellung nicht wie gewünscht funktioniert hatte.

Warum musste der Hafner Fankhauser sechzig Jahre später diesen Prunkofen wieder sorgfältig abbrechen und verpacken?

Es existiert – von Fankhausers sauber ausgeführter und korrekt datierter Planskizze einmal abgesehen – nicht einmal eine Notiz über die Beweggründe, die zum Abbau geführt hatten.

Seither liegen die Kachelteile unbeachtet im Depot der städtischen Denkmalpflege.

An der Landesausstellung 1883 wurden Georg Meyers Bemühungen «bezüglich Fabrikation weisser bemalter Kachelöfen» mit einem Diplom gewürdigt.[127]

Ob Meyer aber auch die Kacheln geformt und anschliessend glasiert hat, wird bezweifelt.

Beim Rathausofen beeindruckt die sauber und sorgfältig ausgeführte, sehr ebenmässige dunkelgrüne Deckglasur. Einzelne Kachelteile im Sichtbereich waren zusätzlich mit Kaltgold betont. Formal bestechen die wohl ausgewogenen Proportionen.

Dem Regierungsratssaal angepasst – der Prunkofen im Neo-Renaissance-Stil und das darauf abgestimmte Interieur wurden ja in den Achtzigerjahren eigens dafür gezeichnet – wirkte dieser Ofen nicht zuletzt durch

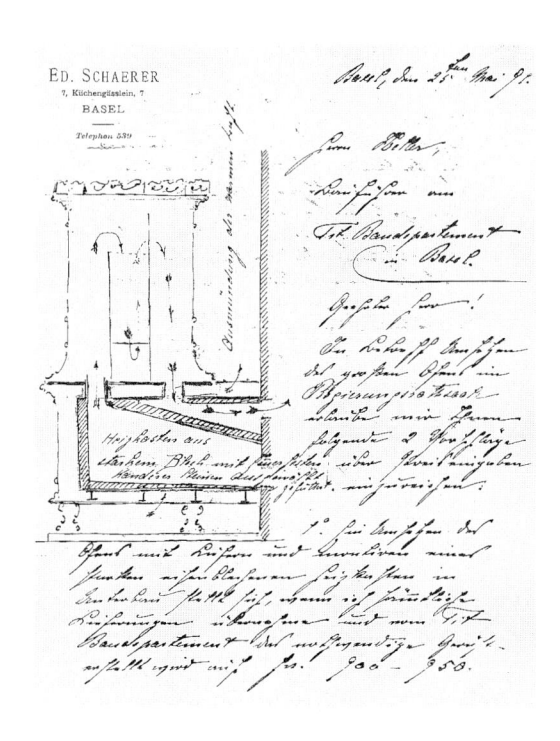

Das Antwortschreiben Schaerers an das Baudepartement vom 25. Mai 1891

seine Wucht und Grösse. Das «Bildprogramm» ist mit der Geschichte der Stadt Basel eng verknüpft: Bedeutende Basler Persönlichkeiten (Andreas Ryff, Hans Heinrich Wieland, Isaak Iselin und Johann Rudolf Wettstein) zieren in runden Maskarons die stark ausgeformten Füllkacheln am Heizkörper. An den Ecken werden diese von Lasten tragenden Hermenfiguren eingerahmt.

In der Friesschicht wechseln sich Löwen- und Widderköpfe ab. Grossformatige Nischenkacheln mit schön ausgebildetem Muschelwerk und personifizierten Tugenden (Justitia und Fortitudo werden als vollplastische Teile dargestellt) nebst Doppelhenkelkratern im Oberbau werden durch reich profilierte Architekturteile und weit ausladende Gesimse mit ornamentalem Schmuck ihrerseits horizontal gegliedert. So finden wir zwei gegenständige Basilisken als Halter des Basler Wappens. Im Akanthusblattwerk machen wir zudem den «Lällekönig» aus. Den Abschluss bilden Kranzkacheln mit minarettartigen Türmchen, abwechselnd mit gegenständigen Wappen – Kartuschen in durchbrochenem Relief.

Anhang

120 Von Hafner Fritz Fankhauser während der Abbauarbeiten 1951 gezeichnet.
121 Datierter Riss aus dem Jahr 1885.
122 Briefwechsel aus den Jahren 1874–1891, Staatsarchiv Basel, «Zum Rathaus».
123 Heinrich Reese, Architekt, war auch Kantonsbaumeister zwischen 1875 und 1894.
124 Wilhelm Bubeck (1850–1891), Architekt und 1. Direktor der Allgemeinen Gewerbeschule.
125 Georg Meyer, Hafnermeister in Winterthur.
126 Brief vom 25. Mai 1891, Staatsarchiv Basel «Zum Rathaus».
127 Vgl. S. 46, Gr.17, Katalog zur Landesausstellung 1883.

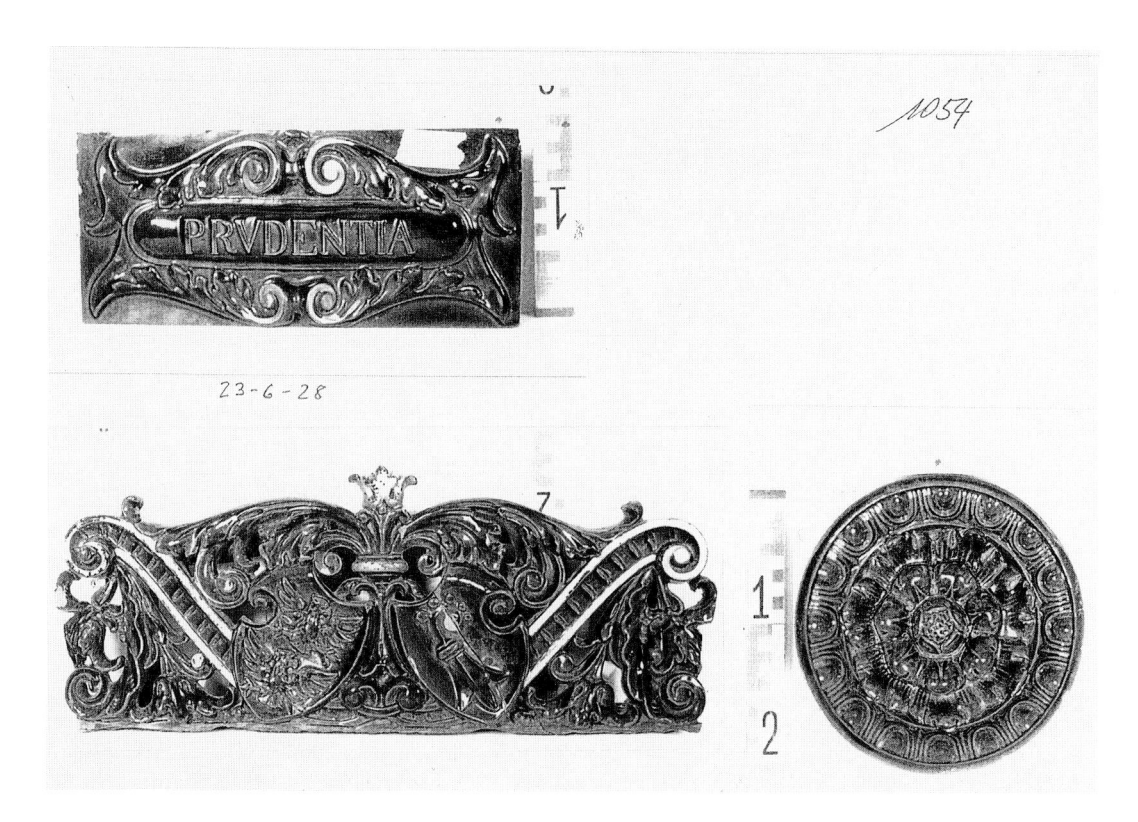

Kachelteile des Rathausofens

F. Inventar der Basler Keiser-Öfen

Wie schon in der Einleitung zum Kapitel Keiser-Öfen und auch an anderer Stelle festgehalten, stellt Basel das Zentrum für Joseph Keisers Neu-Rokoko-Öfen schlechthin dar.

Nirgends hatte Joseph Keiser ab Mitte der Achtzigerjahre über zwei Jahrzehnte hinweg so regelmässig diesen aufwendigen Ofentyp anfertigen und liefern können wie in diese Stadt.

Es ist heute sehr zu bedauern, dass der überwiegende Teil in der Zwischenzeit für immer zerstört worden war oder einfach nicht mehr auffindbar ist. Obwohl wir im Archiv Joseph Keisers noch über zwanzig zusätzliche Planskizzen Eduard Schaerers für Öfen nach Basel und Umgebung fanden, existieren keine Hinweise mehr über ihren Verbleib. Dies betrifft vorwiegend Ofenbestellungen zwischen 1905 und 1925.

Es mag aber gleichzeitig erstaunen, wie stark die alten und ältesten Öfen für Basler Private unter den heute noch erhaltenen Keiser-Öfen vertreten sind (Öfen zwischen 1887 und 1905).

Sämtliche erfassten Ofenkörper wurden entsprechend ihrem Stil und Lieferdatum chronologisch aufgeführt. Darin enthalten sind auch mehrere Kachelöfen, die bereits in den vorangegangenen Kapiteln vorgestellt wurden.

Blaubemalter Keiser-Ofen für die Christoph-Merian-Stiftung, 1898 von Eduard Schaerer an der Elisabethenstrasse 8 gesetzt

Inventar Keiser-Öfen in Basel (datierte), in Klammern Nummern aus «Die Entdeckung der Stile»:

	Farbe	Baujahr	ursprünglicher Standort	neuer Standort (zerlegt)
1 Socin-Ofen (13)	blau bemalt	1887		heute zerlegt
2 Sarasin-Thurneysen (14)	blau bemalt	1888	St. Alban-Vorstadt 82	Lauwilberg
3 Oberst Alioth (16)	polychrom bemalt	1888	Rittergasse 11	
4 Schmiedenzunft (19)	patroniert	1890	Schmiedenzunftsaal	
5 Rokoko-Ofen	rot bemalt	1892	St. Alban-Berg 2a	St. Alban-Tal 2
6 Zunft zu Hausgenossen (62)	blau bemalt	1895	Freie Strasse 34	
7 Vischer-Von der Mühll (65)	blau bemalt	1897	Blaues Haus, Rheinsprung	
8 CMS (70)	blau bemalt	1898	Elisabethenstrasse 8	
9 Vischer-Burckhardt (69)	blau bemalt	1898	Rittergasse 19	
10 «Schaerer»-Ofen (78)	polychrom bemalt	1901	Küchengässlein 7	Amselstrtasse 22
11 Bachofen-Burckhardt (94)	rot bemalt	1903	Weisses Haus, Rheinsprung	W. Weigle, St-Sulpice
12 Schützenhaus (104)	grün glasiert polychrom bemalt	1907	Schützenhaus	
13 M. Ehinger	blau bemalt	1917	Aeschenvorstadt 17	
14 Sarasin-Vischer	meergrün, blau bemalt	1918	St. Alban-Vorstadt 17, Haus zum Geist	
15 Clar	grün, blau bemalt	1924	Leonhardstrasse 2	
16 Hegglin-Ofen	dunkelgrün, weiss glasiert	1926	Schaffhauserrheinweg 87	

Nicht datierte Öfen:

17 Ofen Ehinger-Heusler	rot bemalt	um 1900	Aeschenvorstadt 15	
18 Ofen Burckhardt-Koechlin	blau bemalt	um 1900	St. Johanns-Vorstadt 19	
19 Ofen v. Burckhardt-Thurneysen (Württembergerhof)	blau bemalt	um 1900	St. Alban-Graben 14	Denkmalpflege (Depot)
20 Heizverkleidung Wackernagel	blau bemalt	um 1900	Gartenstrasse 93	
21 Heizverkleidung Oberst Merian-Iselin	rot bemalt	um 1900	St. Alban-Anlage 27	unbekannt
22 Zunft zu Hausgenossen	meergrün, weiss glasiert	um 1920	Freie Strasse 34	
23 Streichenberg-Hess-Ofen	blau bemalt	um 1920	Rittergasse 22a	

Anhang

Nach Eduard Schaerers Tod (1934) verlief in den Schweizer Städten die Entwicklung des Hafnergewerbes rückläufig. Die Nachfrage nach Kachelöfen nahm ab. Statt dessen brachten Tragofenfabrikanten ihre preisgünstigen Produkte auf den Markt; diese Billigöfen fanden in einer Zeit, da der Hauptteil der Bevölkerung keine grösseren Investitionen tätigen konnte, besseren Absatz als die teureren Kachelöfen. In neuerer Zeit haben sich der Nutzen und die Aufgabe eines Kunstofens verändert; der Kachelofen ist von der weitverbreiteten Zentralheizung stark verdrängt worden. Somit bekommen die Hafner, insbesondere die in der Stadt, immer weniger Aufträge. Heute wird der Kachelofen vorwiegend als Zweitheizung in den Übergangszeiten Frühling und Herbst eingesetzt; und wo er zum Heizen nicht mehr gebraucht wird, steht er nur noch als Dekoration im Wohnzimmer.

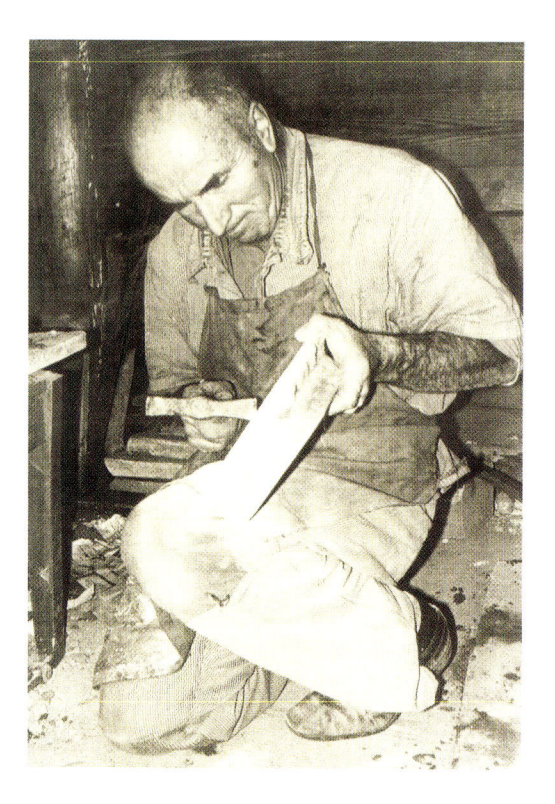

Martin Hasse, einer der letzten Hafner in Basel

Immer neuere Technologien kommen auf; zugleich werden die Vorschriften des Umweltschutzes strenger. Das hat zur Folge, dass man heute Kachelöfen teilweise um- oder neu aufbauen muss, um so den Schadstoffausstoss zu senken bzw. einzuschränken.

Ausserdem sind die preiswerten Cheminées sowie die Cheminée- und Specksteinöfen in den letzten Jahren bei der Kundschaft immer beliebter geworden. Die Ofenkeramik wird heute in Kachelfabriken angefertigt. Im Gegensatz zu den Kachelmanufakturen von früher stellen die Fabriken vorwiegend setzfertige Kacheln her, die der Ofenbauer nicht mehr schleifen oder zurechthauen muss. Die einheimischen Kachelfabriken stehen wie vor hundert Jahren auch heute wieder im Wettstreit mit ausländischen Firmen. Wie der Kachelofen – als ein kunstvolles Erzeugnis – stets von neuem dem Wandel der Zeit und der jeweiligen Modeströmung angepasst wurde, so hat sich nach und nach auch das Berufsbild des Hafners geändert: Noch im letzten Jahrhundert waren Hafner, und zwar vor allem diejenigen auf dem Lande, häufig in verwandten Berufssparten tätig; so stellten sie zum Beispiel Gebrauchsgeschirr her (Häfen, Krüge, Teller u.a.m.); daneben verfertigten sie selbst ihre Kachelware und bauten mit den einzelnen Stücken einen Ofen auf. Aber Anfang des 20. Jahrhunderts wandelte sich der Tätigkeitsbereich der Hafner: Mehr und mehr wurden sie zu reinen Ofensetzern. Die Herstellung der Ofenkacheln beschränkte sich von nun an auf einige Fabriken im In- und Ausland. Heutzutage machen sich die Hafnerlehrlinge rasch mit modernen Verfahren und einfachen Arbeitsabläufen vertraut; dadurch können sie wenig schöpferisch tätig sein. Sie erwerben nur noch in geringem Mass die traditionellen Fertigkeiten, über die der Hafner früher verfügt hat. Das Hafnerhandwerk, wie es Eduard Schaerer auffasste und wie es gegenwärtig noch vereinzelte ältere Hafner verstehen, nämlich als ein umfassendes Kunsthandwerk, ist heute gefährdet; denn der individuell gefertigte, wertbeständige Kachelofen wird vom vorfabrizierten, einförmigen Billigofen verdrängt. Diese Entwicklung und die eben immer flauere Nachfrage nach Kachelöfen stellen die Zukunft des traditionsreichen Hafnergewerbes ernsthaft in Frage.

Eduard Schaerer als alter Mann

Bibliographie A. Öfen

Banholzer Max	Die Brugger Hafnerdynastie Wespi	Brugger Tagblatt, 13. Juli 1995
Bellwald Ueli	Winterthurer Kachelöfen, Bern	Häuptli-Verlag, 1980
Bodmer-Huber Ernst	Die Ofen- und Tonwarenfabrik in Riesbach	Mbl. KFS 101, 1986 S. 10–13
Burckhardt Rudolf F.	Öfen in Basler Häusern der Frisching'schen Fayencen-Manufaktur bei Bern	A.S.A. Neue Folge Bd. 30, 1928 S. 168–178
Frei Karl	Zur Geschichte der Aargauischen Keramik des 15.–19. Jh.	A.S.A. Neue Folge Bd. 33, 1921 S. 120–123
	Zuger Keramik	Zuger Neujahrsblätter 1931, S. 62–66
Früh Margrit	Winterthurer Kachelöfen für Rathäuser	Mbl. KFS 1978, Nr. 95
	Bunte Bilderwelt der alten Winterthurer Kachelöfen	Kunst- und Museumsfreunde Wil und Umgebung 1992
Grütter Daniel – Keller Christine	Das Basler Hafnerhandwerk vom Spätmittelalter bis zur Industrialisierung	Kunst und Architektur in der Schweiz, Gesellschaft für schweizerische Kunstgeschichte, 50. Jahrgang 1999, Heft 2
Hafnermeisterverband	Der Kachelofen – Die Beheizung unserer Wohnräume durch den Kachelofen. Nachruf auf J.A. Keiser und E. Schaerer	Um 1915 «Ofenbau» 1923/1934
Higy Walter	Eduard Schaerer, 1858–1934, in «Die Entdeckung der Stile»	Mbl. KFS 109/110, 1997, S. 58–60
Kern Peter	Vom Handwerksbetrieb zur Fabrik. Die Hafnerei Bodmer in der 2. Hälfte des 19. Jh.	Volkskundliches Seminar der Universität Zürich
Meles Brigitte	Die Öfen im «Ramsteinerhof»	200 Jahre Ramsteinerhof zu Basel, 1796–1996, S. 47–63
Peter Müller, J. Bastian	Die Strassburger Blumenöfen	Historisches Museum Basel, 1988
	Strassburger Keramik	Historisches Museum Basel, 1986
Schnyder Rudolf	Ceramica da Suiza – Ceramics from Switzerland 1500–1900, Museu national do Azulejo; Lisboa 1998 Keramik aus vier Jahrhunderten – quatre siècles de céramic suisse, musée national suisse, Château de Prangins, 1998	
	Ofenkeramik des 14. und 15. Jh. Keramik des Mittelalters	Aus dem SLM, Nr. 30, Bern, 1972
	«Die Entdeckung der Stile» Die Hafnerei Keiser in Zug, 1856–1938	Mbl. KFS, 109/110, 1997
Staehelin W.A.	Unbekannte Öfen aus der Frisching'schen Fayencen-Manufaktur bei Bern	Mbl. KFS.14, 1949

	Keramische Forschungen in bernischen Archiven. Die Öfen der Manufaktur Frisching	Mbl. KFS, 81, 1970
Wyss Robert	Der Winterthurer Ofen von A. und H. Pfau, 1682	Hist. Museum Basel, Jahresbericht 1961

B. Bauten

Das Bürgerhaus des Kanton Basel-Stadt	E.B. Vischer K. Stehlin P. Siegfried	Slatkine-Verlag, Genf, 1986
Samuel Werenfels, ein Basler Architekt des 18. Jh.	Maja Müller	Basler Zeitschrift für Geschichte und Altertumskunde 1. Band, Nr. 2, 1971
Villen des Historismus in Basel	Rolf Brönnimann	Birkhäuser-Verlag, 1987
Basler Bauten 1860–1910		Helbing & Lichtenhahn, 1973
Inventar der neueren Schweizer Architektur 1850–1920	Othmar Birkner, Hanspeter Rebsamen	Gesellschaft für Schweizer Kunstgeschichte, 1986
Schweizer Volkskunde	Haus Reinhardt	27. Jahrgang, 1937
Wohnungselend der Basler Arbeiterbevölkerung in der 2. Hälfte des 19. Jahrhunderts	Luca Trevisan	168. Neujahrsblatt, 1989

C. Ungedruckte Quellen

Verband Schweizer Hafner und Plattenlegergeschäfte VHP	Kalkulationsgrundlagen 1994	
Geschäftsbücher der Hafnerei Herzog, Frick	Bei Vinzenz Herzog jun. in Frick	
Archiv Firma Keiser	Museum in der Burg, Zug	
Familie Schaerer/Gessler	Diverses Fotomaterial und übrige Unterlagen aus dem Nachlass. Nachruf der Familie zum Tod von E. Schaerer junior	
Ofenkataloge/Preislisten der Ofenfabriken: Verschiedene Jahrgänge	Sursee, Affolter Christen, Kohler, Ganz, von Roll Clus beim Verfasser	

E. Bildernachweis

Albrecht S. 6 (siehe Buch z. Ramsteinerhof)	
Denkmalpflege S. 65	
Enderle C. S. 23	

Gass H. S. 18.1, 19	
Herzog Vinz. S. 9	
Isenschmid S. 60, 61, 62	
Kupferstichkabinett S. 52	
Labhardt D. S. 22, 18.2, 38, 42, 43.2, 43.4, 44.1, 51	
Lüdin P. S. 8.2	
Hasse M. S. 68	
Museum in der Burg, Archiv Keiser, Zug S. 2, 4, 16, 17, 18.2, 21, 27, 29.2, 30, 33.2, 44.2, 46, 52.2, 53, 55, 58.1, 58.3, 59.1	
Nachlass E. Schaerer (Vorspann S. 7) 11, 13, 14, 15, 26, 28, 69	
Oeri A. S. 39	
Stadtbibliothek S. 33.1	
Staatsarchiv S. 5.2, 63, 64	
Teuwen S. 31.1	
Verfasser S. 3.1, 5.1, 6.1, 7, 8.1, 10, 22, 29.1, 31.2, 32, 35, 36, 37, 41, 45, 47, 49, 50, 54, 56, 57, 58.2, 59.1, 66	

F. Abkürzungen

A.S.A.	Anzeiger für Schweizer Altertumskunst
A.K.	Archiv Keiser
BZgA	Basler Zeitschrift für Geschichte und Altertumskunde
«Die Entdeckung der Stile»	Die Entdeckung der Stile, die Hafnerei Keiser in Zug, 1856–1938. Zur Ausstellung vom 10. November 1996 – 1. Juni 1997, Museum in der Burg, Zug
Mbl. KFS	Mitteilungsblatt für Keramik-Freunde der Schweiz
Njbl.	Neujahrsblatt
St.A BS	Staatsarchiv Basel
StA Brugg	Stadtarchiv Brugg
StA ZH	Stadtarchiv und Bibliothek Zürich
HMV	Hafnereimeisterverband
VHP	Verband Schweizerischer Hafner- und Plattengeschäfte

Index

A

Acker F. P. 4, 21 — Ofenbauer
Aeschengraben 5: 30, 31
Aeschenvorstadt 2: 3, 7
Aeschenvorstadt 13: 30
Aeschenvorstadt 15: 42, 43
(s. auch Zunft z. Raben)
Affolter-Christen 10, 11, 12 — Ofenfabrik
Alioth, Oberst 24, 40, 58
Amman I. 40
Amselstrasse 22: 19, 52, 57
Augustinergasse 19: 36

B

Bachofen I. H. 4 — Hafner
Baer 9
Bärenzunft 24
Baumgartner F. 9 — Hafner
Bergmaier 9
Berri M. 7, 13
Birmannsgasse 14: 19, 62
Bodmer & Biber 20, 26, 27, 29, 30, 31, 32, 33, 34, 35, 36, 39, 61 — Tonwarenfabrik
Bodmer 5, 7, 11
Bodmer Rudolf 32
Bodmer Carl 32, 33
Böcklin-Müller W. 5, 34 — Hafner
Böhler F. 9 — Ofenfabrik
Bubeck W. 17, 19, 64, 65
Bürkli 9 — Herdfabrik

C

Champion 9
Claragraben 37: 35
Clavel 44
Clus 9, 10 — Giesser
CMS: Christoph Merian Stiftung 45, 66

D

Denkmalpflege 19, 21, 22, 25, 34, 36, 50, 61, 63, 64
Denzler R. 5, 13, 15, 23, 25 — Hafner
Denzler David M. 13, 15
Dolder A. 7 — Hafner und Ofenbauer
Düringer D. 7 — Ofenmaler

E

Eckenstein & Kehlstadt 7
Ehinger M. 30
Enderle K. 10, 12, 54 — Ofenfabrikant und Hafner
Engelhof 3, 49, 50
Erhart 3 — Hafner

F

Fankhauser F. 64, 65 — Hafner
Feuerschützengesellschaft 15, 54
Fischer B. 21, 44, 45 — Hafner
Frey J. J. 21 — Fayence-Maler
Friedrich L. 7, 24, 47
Frisching 4, 6, 7, 25, 47 — Kachelmanufaktur

G

Gessler E. 21, 25, 44, 45
Gessler J. 22, 25
Gessler P. 21, 45
Georg G. 54, 62
Georg H. 62
GGG 10, 32, 40

H

Hanhart H. 55
Hannong P. 4, 21 — Fayence-Maler
Hasse M. 22 — Hafner
Hebelstrasse 28: 61

Herzog V. 10, 46 — Hafner
Hilberer W. 9 — Hafner
Hofmann J. 7 — Ofenmaler
Hoffmann E. 6
Hotz A. 59
Holbein d. J. 52, 53
Hugelin J. 21, 25, 26, 27, 63 — Hafner
Hugger P. 6
Hug H. & S., C., F. 7

I

Iselin W. 5, 6, 7, 12, 39, 65

J

Jauslin K. 5, 31 — Dekorationsmaler

K

Kalt E. 25, 39, 64 — Hafner
Kaus & Rytz 46, 48, 56 — Hafner
Keiser J. 5, 6, 7, 10, 12, 17, 18, 20, 21 — Hafner
Vater Keiser 24, 25, 26, 27, 33, 40, 46, 47, 48, 50, 53, 54, 55, 56, 58, 60, 65, 66
Kerser E. 49
Kohler, Mett 25, 27 — Kachelfabrik
Krone, Sihlbrugg 54
Küchengässlein 5: 5
Küchengässlein 7: 6, 14, 22, 25, 28
Küchler M. L. 7, 58 — Hafner

L

Lando HR. 43
La Roche E. 7
La Roche & Staehelin 7, 25, 47, 59, 60
Laubheim Fr., F. & C. 7 — Hafner
Linder J.J. 5, 31 — Hafner
Linder Th. C. 5 — Hafner
Locher L. 4, 6
Löw 9, 53, 54, 65

Lotz A. 61, 62
Lüdin P. 10 — Ofenfabrikant

M

Malzgasse 31
Meier E. 55, 56
Mende A. 7 — Hafner
Merian E. 25, 45, 57 — Hafner
Meyer G. 64, 65 — Hafner
Meyer R. 43
Münz Untere, Zug 53, 57

N

Nadelberg 4: s. Engelhof, Mohrwaldenstr. 133, Riehen 44

O

Oswald 7
Oeri A. 25, 39
Oetliker R. 44, 45 — Kachelmaler

P

Passavant-Iselin 5, 6, 7 — Tonwarenfabrik
Petersplatz 12: 37
Pfau H.H. 3, 7, 41, 43 — Hafner
Pfau A. 43

R

Ramsteinerhof 6
Rathaus BS 21, 25, 63, 64, 65
Reese H. 63, 65
Regierungsratssaal 63
Riggenbach 7, 13
Rittergasse 7/9: s. Ramsteinerhof
Rittergasse 19: 58
Rittergasse 22a: 29
Rittergasse 23: 57

S

St. Alban-Anlage 31
St. Alban-Berg 2a 56
St. Alban-Vorstadt 5: 45
St. Alban-Vorstadt 17: 59
St. Alban-Vorstadt 42: 36, 37
St. Alban-Vorstadt 69: 5, 38, 39
St. Andreas, Cham 54
Sandreuter H. 50
Sarasin-Vischer 59
Schaerer David 14, 15, 18, 19, 27
Schafisheim 45
Scheuchzer-Dür 7, 21, 40
Schmiedenhof 22, 41, 50
Schmiedenzunft 24, 49, 50
Schnäbelin K. 7
Schusterinsel 44, 45
Schützenhaus 22, 54
Seckinger H. 22
Socin-Ofen 21, 24, 56
Solitude 6
Stadthaus 6
Dr. Stauffacher 21
Stehlin F. 7, 31, 60
Stimmer T. 40
Streichenberg-Hess 29
Süffert Fr. 6   Dekorationsmaler
Sulzer D. 7   Ofenmaler
Sursee 10, 11, 12   Ofenfabrik
Suter & Burckhardt 7

T

Teichert E. 12   Ofenfabrik
Thommen B. 31   Dekorationsmaler
Thommen H. 9, 22   Hafner
Thüring D. 22   Hafner

V

VHP 24, 25
Vischer & Fueter 7, 24, 25, 47, 60
Vischer Familie 58
Vogler H.O. 7   Hafner

W

Weiss J.R. 7   Hafner
Werenfels S. 4, 7
Wespi J. 18, 19, 20, 27   Kachelfabrik
Wildermuth & Schweizer
20, 25, 39   Dekorationsmaler
Wüthrich B. 18, 22
Württembergerhof 19

Z

Zeiger 9
Haus Zum langen Keller 1
Zunft zu Hausgenossen 22, 24
Haus Zum Geist 59
Haus Zum Raben 40, 42, 43
Zunft zu Schmieden 22, 24, 41, 49
Zunft zu Spinnwettern 9

Folgende Personen und Institutionen haben mit ihrer grosszügigen, finanziellen Unterstützung die Realisierung dieses Buches erst ermöglicht:

Herzlichen Dank!

Alioth M.
Asko Handels AG
Baumann & Cie Banqiers
Dreyfus Söhne & Cie. AG
Fasnacht F.
Frey H. und B.
Gessler A., J., L., R.
Higy D., J., R.
Keller Heiztechnik
La Roche & Co.
Lohner Ziegelei AG
Lotteriefonds Basel-Stadt
Oeri A., B., V.
Passavant C.
Passavant-Iselin AG
Roth M.
Scheidegger-Thommen Stiftung
Schreiber Keramik AG
Singenberg Stiftung
Vischer F.
Zunft zu Hausgenossen
ungenannt